quem era eu

Hugo e Anna

irmão LÁZARO

quem era eu

Vida

Editora Vida
Rua Isidro Tinoco, 70 Tatuapé
CEP 03316-010 São Paulo, SP
Tel.: 0 xx 11 2618 7000
Fax: 0 xx 11 2618 7030
www.editoravida.com.br

Todas as citações bíblicas e de terceiros foram adaptadas segundo o Acordo Ortográfico da Língua Portuguesa, assinado em 1990, em vigor desde janeiro de 2009.

Editor responsável: Marcelo Smargiasse
Editor-assistente: Gisele Romão da Cruz Santiago
Editor de qualidade e estilo: Sônia Freire Lula Almeida
Revisão de provas: Marcelo Smargiasse
Projeto gráfico e diagramação: Claudia Fatel Lino
Capa: Claudia Fatel Lino (Adaptação)

1. edição: maio 2012

Dados Internacionais de Catalogação na Publicação (CIP)
(Câmara Brasileira do Livro, SP, Brasil)

Silva, Antonio Lázaro
Quem era eu / Antonio Lázaro Silva. — São Paulo: Editora Vida, 2012.

ISBN 978-85-383-0245-2

1. Homens — Autobiografia 2. Silva, Antonio Lázaro I. Título.

12-04751 CDD-920.71

Índices para catálogo sistemático:

1. Homens : Autobiografia 920.71

Agradecimentos

Agradeço a Deus por minha vida, por ser filho e irmão de quem sou e por estar tornando-me o que só ele sabe que serei.

Agradeço ao Departamento Editorial da Editora Vida pelas correções e edição deste livro. Um abraço carinhoso a todos.

Sei que tudo o que está escrito é fruto do amor de Deus que nos presenteia com o tempo e a vida, vida esta que hoje é escrita. Amo estar vivo em Cristo e agradeço por estar aprendendo com um professor manso e humilde.

Agradeço a você, querido leitor, por dedicar seu tempo a essa leitura. Que Deus conceda a graça de ser edificado com essas histórias de minha vida que demonstram seu carinho e cuidado por mim.

Sumário

Prefácio

"Onde abundou o pecado, superabundou a graça de Deus." Esta obra já estava no *script* de Deus, um complemento escrito da manifestação da graça divina, fruto de uma decisão soberana. Assim, Deus decidiu realizar na vida de Lázaro, reescrevendo com o sangue do Cordeiro a história de um homem que foi presa fácil nas mãos de Satanás. Fez dele um bagaço, isso mesmo, um bagaço, como testemunhado na música de sua autoria, mas que, por Deus resgatado e transformado num príncipe, hoje corre o mundo, falando desse grande amor que foi derramado em sua vida por intermédio do nosso Senhor Jesus Cristo.

O que mais me impressiona na vida de Lázaro é sua simplicidade. Mesmo experimentando os dois lados de uma trajetória artística, passando da obscuridade para a exaltação, buscando hoje viver a plenitude de uma vida em Cristo, continua expressando em atitudes um modo de vida simples e humilde, sempre estendendo a mão para os pobres, fracos e oprimidos e sempre buscando agradar o coração de Deus.

Este livro expressa também a autenticidade de seu autor, uma das marcas do caráter de Lázaro. Ele sempre fala de forma clara e pragmática, mesmo com o risco de algumas vezes ser incompreendido, e seu texto revela de forma simples o testemunho de um homem que influenciou milhares de pessoas no

Brasil inteiro, e, a meu ver, é um fenômeno no mundo *gospel*, porque Deus decidiu assim. Sabemos, no entanto, que toda honra e glória é exclusiva do Senhor Jesus.

Neste livro, Lázaro compartilha conosco o que aprendeu no laboratório de sua própria experiência e expressa com lições de vida que valeu a pena passar por tudo o que passou. Porque está escrito: "Em lugar da vergonha [...], o meu povo receberá porção dupla, e ao invés da humilhação, ele se regozijará em sua herança; pois herdará porção dupla em sua terra, e terá alegria eterna".[1]

E, quando tudo parece estar perdido, dê glória a Deus, e amanhã tudo será lindo...

Parabéns, Lázaro, por esta obra, que de fato estava faltando em seu ministério, para que milhares de vidas neste universo sejam abençoadas.

Feira de Santana, 2012.

Pr. Rogério Dantas

Pastor da Igreja Batista Lírio dos Vales,
em Pituba, Salvador — Bahia.

---

1 Isaías 61.7. [N. do R.]

Introdução

Hoje é 9 de novembro de 2011, e minha filha Alice está completando 2 meses de vida neste mundo.

Estou em um voo rumo à Europa, e a minha cabeça está completamente cheia, não por causa de Alice, mas porque a vida nos sobrecarrega.

Então resolvi me derramar nessas folhas de papel e depois tentar me enxergar nessas páginas, com a intenção de também mostrar a vocês como sou por dentro, por fora e no centro.

CAPÍTULO 1

Vida atormentada

O rádio estava ligado, e a música dizia:

> Quando será o dia da minha sorte?
> Sei que antes da minha morte,
> Eu sei que esse dia chegará.
> Mas quando será?[1]

Não me lembro da idade que eu tinha na época, mas sei que eu era apenas uma criança infeliz, pois vivia atormentado por pesadelos terríveis, e uma coisa dentro dos meus sonhos me torturava todas as noites. Meu Deus! Foram tantos anos sendo assombrado por aquilo, que a noite acabou se tornando o meu algoz.

A batalha era travada num coraçãozinho de menino para o qual um aliado era o amanhecer. Qualquer raio de sol era uma arma poderosa ao meu favor, a voz de alguém, ou quem sabe o próprio Deus.

O Deus que eu conhecia se encontrava dentro de preces que eu não sabia fazer, mas desejava aprender, pois acreditava que ele sairia de dentro delas para me ajudar a dormir, para tirar aquilo de mim. Eu queria aprender a rezar o terço, admirava quando via uma velhinha de joelhos rezando. Isso era tudo

---

1 Letra e música de Zé Rodrix. [N. do R.]

o que eu tinha: o desejo de aprender a rezar! Quem sabe assim, Deus viria e me ajudaria.

A minha casa era uma das poucas do bairro que tinha televisão. Às vezes parecia um cinema cheio de gente torcendo em finais de novelas ou durante filmes de ação. Nunca imaginei que um dia eu apareceria dentro daquele aparelho, mas esse dia não demorou a chegar.

Bem, como as minhas noites eram terríveis, eu aproveitava o dia com todas as minhas forças.

"TV Aratu canal 4, Salvador, meu amor, Bahia", o programa é da tia Arilma. Tudo é novidade.

A TV é perto da minha casa, mas, se eu pedir, minha mãe não me deixará ir. Acho que vou assim mesmo, a surra é garantida, mas vale a pena viver isso.

O programa começa e em casa minha mãe também começa a me procurar.

— Meu Deus, onde se meteu esse menino?

Muitas luzes, muitos gritos, e eu estou muito feliz. De repente, a apresentadora pergunta:

— Alguém quer cantar uma música?

Enquanto isso, a minha mãe pergunta na porta de casa:

— Alguém viu o Lazinho?

Uma pessoa responde para minha mãe:

— Não.

E, em um impulso quase insano, eu grito para a apresentadora:

— SIM!

Minha mãe no meio da sala, a televisão ligada, eu no meio do auditório comecei a cantar. Minha mãe olhou para televisão e quase morreu de susto, enquanto eu quase morria de emoção.

"Eu sou como a borboleta, tudo o que eu penso é liberdade", música de Benito de Paula, cantor que meu pai amava e eu cresci ouvindo. Naquele momento, cantei com toda a minha alma. Foi engraçado ouvir minha mãe contar o que sentiu quando me viu na televisão...

Bem, escapei da surra.

A alegria do dia não era capaz de me livrar do encontro marcado com o terror de todas as noites, e, mais uma vez, as flores do jardim encantado, que é o coração de uma criança, eram esmagadas pela coisa furiosa que habitava os meus sonhos.

Está doendo, tento acordar e não consigo, há algo me batendo. Meu Deus! Ajude-me, eu não sei rezar! Acho que Deus não vem.

A "coisa" me manda contar grãos de areia e, quando eu me perco, a "coisa" me bate. Quando isso vai acabar? E, mais uma vez, o amanhecer me livra daquelas garras opressoras.

Às vezes eu acordava no meio da noite com vontade de ir ao banheiro, mas o medo me fazia ver coisas assustadoras. Na verdade, acredito mesmo que aquelas coisas estavam lá de verdade.

Contar um sonho é fácil, mas como expressar um terror interno? Como colocar alguém dentro de um mundo no qual só se consegue entrar quando se está dormindo? Só Deus poderia me ajudar.

Passei a fazer xixi na cama, e quase sempre acabava premiado com uma surra. Meus pais não entendiam o que se passava, e eu não entendia por que eles não entendiam. Quando somos criança, imaginamos que os adultos conseguem ver dentro de nós, mas infelizmente isso não acontece.

Que bom, o dia amanheceu, porém a cama está novamente molhada. Desta vez, meu pai é quem resolve me punir. Ele pega os lençóis molhados, faz uma trouxa, coloca sobre a minha cabeça e me faz desfilar pelas ruas do bairro. A vergonha me deixa completamente desorientado. Não sei explicar a angústia de ver meus amiguinhos gritando, as pessoas gargalhando; só sei que uma revolta enorme crescia dentro de mim. *Se pelo menos eu soubesse rezar, Deus me ajudaria e faria que meus pais entendessem a minha peleja.*

Como se não fosse suficiente, eu sentia uma coisa estranha quando encontrava Bilisco, a nova moradora do bairro, a menina mais linda do Universo. Por que eu não conseguia respirar quando a via? Eu não conseguia brincar, não conseguia estudar, não conseguia falar. Eu não conseguia nada!

O que era aquilo?

O coração do menino estava estranho, a primeira paixão quase me matou. Acho que, quando os dentes começam a nascer, é assim também. Sei lá.

Nessa época, havia um tênis chamado Kichute, mas o meu pai preferia que eu usasse outro, chamado Bamba. Eu queria cortar o meu cabelo de um jeito, mas o meu pai preferia de outro. E, quando eu reclamava, ele dizia:

— *Quando estiver trabalhando, você usa o tênis que quiser e corta o cabelo do jeito que quiser.*

Então vou trabalhar.

Vendi jornal, vendi empada, lavei carro, vendi ferro-velho, fiz de tudo, e nunca mais usei Bamba, nem cortei o meu cabelo naquele estilo terrível que me fazia odiar o espelho.

O tempo estava passando, eu crescia cada vez mais, e as noites permaneciam do mesmo jeito, com aquela "coisa" dentro delas, e eu dentro do medo que já me convencera da minha própria insignificância.

Buscando ajuda nas religiões

Desde cedo eu já ouvia falar sobre candomblé, espíritos que se comunicavam por intermédio de pessoas, atabaques, orixás, trabalhos nas encruzilhadas e muitos outros segredos. A minha família buscava nesses lugares ajuda para os problemas da vida, mas tudo isso me aterrorizava da mesma maneira que a "coisa" me atormentava durante os meus sonhos. No entanto, uma criança não consegue escapar da religião dos seus pais, então cresci sendo empurrado para dentro de uma prática religiosa, da qual nunca me senti parte, apesar de seguir externamente os preceitos e rituais impostos.

Imagine um galo vivo agonizando porque teve o pescoço cortado. Em um minuto ele está cantando, e no outro o animal está sendo degolado. Pessoas possuídas por espíritos gritam, bebem, dançam e com certeza me apavoram muito, muito mesmo.

A minha mãe disse que eu tinha um protetor: São Lázaro. Era um velhinho que eu via numa foto no canto da sala. Aparentava ser muito pobre e doente, e tinha dois cachorros que lhe lambiam as chagas.

Como ele, daquele jeito, iria me proteger? Como?

Meus inimigos eram garotos fortes, verdadeiros gladiadores mirins, e o meu protetor era aquele velhinho magro e fracote. Se pelo menos fosse um São Jorge Guerreiro, com uma espada ou algo parecido... Mas não; era um pobre velhinho de bengala. Realmente sou um garoto de azar.

Quando virá o dia da minha sorte? Sei que, antes da minha morte, esse dia chegará.

A casa caiu

Está chovendo forte. Meu Deus, que noite estranha! As paredes estalam e de repente a cozinha e o banheiro desaparecem dentro da fossa. A minha mãe está desesperada; o meu pai não está em casa, está fora trabalhando. As paredes do quarto estão entortando.

Minha mãe conseguiu nos tirar de lá, a mim e às minhas irmãs, mas a nossa casa não tem mais utilidade.

O meu pai derrubou as paredes feitas de barro que restaram, e dentro delas encontramos ossos e objetos de bruxaria, exatamente no quarto onde eu dormia.

Moramos um tempo com os meus avós paternos e depois mudamos para a nossa casa nova. Nova, mas sem piso, sem portas e sem janelas. No quintal, havia uma árvore que também me assustava com sons estranhos, que pareciam assobios. Nos dias de chuva, a água alcançava um palmo de altura dentro de casa. As portas e janelas eram tábuas encostadas que às vezes caíam por cima de nós. Lembro-me do dia em que a tábua caiu em cima da minha irmã Elizinha, de apenas 1 aninho de idade.

Surgiu uma igreja evangélica no bairro, mas preferi me empenhar em atrapalhar as reuniões, jogando pedras, fogos de artifício e aqueles insuportáveis cordões de cheiro (quando você queima o cordão, ele exala um aroma de fezes muito forte). O pastor me detestava.

Um dia entrei na igreja só para causar alvoroço, e o pastor anunciou:

— Irmãos, o Diabo está entre nós!

Fiquei chateado e continuei atrapalhando os cultos, até que a igreja um dia acabou, fechou, sumiu.

O meu pai era policial civil, taxista, motorista de ônibus e outras coisas mais. O trabalho era árduo, e ele sempre ficava doente.

Em certa ocasião, no meio de um carnaval, todos estavam alegres, mas meu pai adoecera novamente. Eu era uma criança que já pensava na morte, pois viver no meio de tamanho tormento me fazia apreciá-la. No entanto, ver meu pai naquele hospital me fez repensar a ideia de morrer, pois me deu um sonho: trabalhar para sustentar os meus pais na velhice. Isso me deu vontade de lutar, viver e ver o meu pai continuar vivo.

O hospital é perto do percurso dos trios elétricos, e eu fui lá assistir à passagem. Porém, quando a tristeza é muito grande por dentro, a alegria exterior perde o sentido, e às vezes até incomoda.

Mas ali estava eu apreciando o trio elétrico. Quem imaginaria que um dia eu estaria em cima daquele mesmo veículo, passando por aquele mesmo lugar?

Bom, volto ao hospital para ficar com o meu pai, que graças a Deus já apresentava melhoras.

O menino agora tem 18 anos

A vida avança a passos largos, e as Forças Armadas se revelavam a próxima etapa no meu caminho. Tenho 18 anos e, imagine só, continuo assombrado e fazendo xixi na cama.

Como será no Exército?

Na primeira noite recrutado, ainda fiz xixi na cama, mas, nas noites seguintes, algumas luzes ficavam acesas e havia sempre um soldado de guarda.

Finalmente nunca mais molhei a cama.

O medo vai matando a gente, matando coisas em nós, matando a sanidade. A veracidade do sobrenatural normalmente é questionada, mas era incontestável que eu estava aprisionado em um mundo ao qual fui lançado apenas para ser esfolado pela humilhação, pelo desespero, por uma afronta espiritual que sem piedade tortura as pessoas, não importam cor, idade, sexo ou situação social. E, nesse mundo, o chicote da desesperança açoita a alma, até que ela, enfim, se renda, desistindo de avançar rumo ao sorriso sincero, rumo à celebração interna que só a paz consegue realizar dentro do ser humano.

Fiquei três meses internado no quartel, indo para casa somente em alguns finais de semana. Depois dessa fase inicial, eu só dormia no quartel duas vezes por semana.

Chegou mais um carnaval, e era comum os soldados se reunirem para pular atrás do trio elétrico, brigar e fingir uma autoridade que na verdade não tinham.

Eu estava bem no meio da praça Castro Alves, *em Salvador; a música era bem agitada e mais uma briga começou. Desta vez, estávamos em desvantagem; o grupo inimigo era bem maior que o nosso, e todos levamos uma surra inacreditável da galera rival.*

Para todos os lados que eu corria, alguém me batia. Naquele momento, pude sentir o que sentiam as pessoas em quem eu costumava bater.

Fugi correndo da perseguição por toda a avenida Carlos Gomes; acho que eles queriam me matar. Jogavam pedaços de pedra, bancos de madeira e latas de cerveja. Quando consegui escapar, estava muito machucado e quase inconsciente. Levaram a minha carteira, rasgaram as minhas roupas e não sei como, mas quando cheguei em casa havia uma Bíblia no meu bolso.

Como pode ser isso? Será que foram os crentes que me espancaram?

Sei lá... Só sei que aquela foi minha primeira Bíblia.

Passei nove meses nas Forças Armadas e, bem próximo à conclusão do meu tempo de serviço obrigatório no exército, fui convidado para ficar e fazer o curso de oficial. Mas eu tinha outros planos: já era funcionário público e nunca mais queria dormir no quartel!

Você passa o ano inteiro em um lugar onde todos vestem a mesma roupa, comem as mesmas coisas, têm o cabelo cortado do mesmo jeito e recebem a metade de um salário-mínimo. De repente, chega o dia de ir embora, e você percebe que, na verdade, a vida de cada um ali era bem diferente das outras. Estávamos agora sem a farda, cada um com sua família. A maioria de nós, soldados, usava roupas velhas e simples; outros usavam roupas caras. Algumas famílias apareceram com carros bonitos, mas a maioria se preparava para ir pegar o coletivo. Eu havia esquecido essas diferenças da vida, e foi muito triste perder em um piscar de olhos dezenas de amigos.

Misturando música e religião

Fora do Exército, comprei um violão de cor verde. Vieram as primeiras aulas, as primeiras canções, as primeiras composições e o primeiro elogio:

— Suas músicas parecem músicas de crente.

Fiquei arrasado, deprimido e profundamente decepcionado.

Meu Deus, música de crente?! Nunca mais vou escrever uma canção.

Como eu poderia saber que, mesmo sem saber falar com Deus, ele resolvera sair de dentro das rezas e interferir nas minhas composições?

Um mistério profundo começou a se desenrolar na minha vida depois daquele violão com cor de esperança, que me fora dado por aquele que é a minha esperança, aquele a quem recusei por causa da cegueira que em breve seria curada.

Ramom e PS eram meus professores de violão e contrabaixo. Ramom era um crente afastado, e PS fazia parte do candomblé. Novos amigos, bons músicos, instrumentistas experientes. Duas maravilhosas mentes loucas, um prelúdio de quem eu me tornaria.

— *Mãe, vou sair.*

— *Vai pra onde, Lazinho?*

— *Vou ao barzinho encontrar uns amigos.*

— *Cuidado com a hora.*

— *"Tá" bom, mãe, daqui a pouco eu "tô" de volta.*

Eu estava me divertindo. Ramon estava sentado ao meu lado e PS, à minha frente. Normalmente bebíamos até ficarmos bêbados. O papo estava legal, falávamos de música; eu era um aluno bastante dedicado e pretendia tocar contrabaixo.

Ramon tocou uma música dele, PS tocou um samba e depois uma música clássica para violão. Em meio ao bom papo, muita bebida e excelente música, vi ao lado de PS uma coisa terrível em forma de homem, mas com cabeça de porco e pele como se fosse de escamas. Era muito grande, aparentava ser muito poderosa e me olhava com a força do ódio, com a cor do desespero, gerando em mim um desejo de violência que me fez pegar uma garrafa e partir para cima dele com a mesma fúria que ele me fitava.

Fui contido por amigos e levado para casa, onde chorei por vários dias, pois agora a "coisa" escapara dos meus sonhos e me assombrava em plena luz do dia.

Desta vez, eu mesmo fui buscar socorro na bruxaria.

Estou numa sala de espera, e, lá dentro, uma mulher possuída por um espírito diz às pessoas o que fazer de suas vidas, como resolver os conflitos de suas histórias.

Em fase de depressão, o olhar é triste, o jeito, a voz e até o sorriso são tristes. Vem a sensação de estar sendo mordido por dentro e, às vezes, até parece que estamos sendo devorados vivos.

Chegou a minha hora: a mulher possuída vai me atender agora.

Ela está fumando e bebendo, e o que está dentro dela emite gritos estranhos. A voz é uma mistura de um linguajar bem simples com a fala de um estrangeiro aprendendo a falar português. Ela fala coisas da minha vida como se estivera presente quando aconteceram, demonstrando bastante intimidade com o meu passado.

Como ela pode saber essas coisas? Não tenho a menor ideia, mas tomara que ela saiba como me ajudar.

Conversei com o espírito dentro dela por mais ou menos meia hora, buscando uma maneira de obter paz.

Eu teria de colocar certas coisas na encruzilhada e me banhar com uma água cheia de folhas que exalavam um cheiro terrível.

— Será que era Deus ou algo enviado por Deus que estava ali dentro dela, fumando e bebendo?

Isso eu não sabia, mas precisava acreditar em alguma coisa; precisava de ajuda.

As coisas começaram a melhorar, os sonhos serenaram, mas eu passei a beber muito, muito mesmo. Normalmente eu sentia ódio, o meu relacionamento com meus pais ultrapassara a linha da impaciência, e eu sempre precisava agradar o espírito dentro daquela mulher. Esse espírito sempre me dizia que eu nunca mais poderia parar de fazer as bruxarias que eram apelidadas de "trabalhos".

As coisas funcionavam, mas só por um breve período. Os "trabalhos" começaram a ficar mais caros e mais profundos. Marcas foram feitas no meu braço com algo cortante; comecei a usar colares no pescoço e na cintura. Era exigida de mim uma dedicação maior, e a minha alma começou a rejeitar essas coisas.

Construí uma casinha de 1 metro de altura no quintal da minha casa, onde eu colocava charuto, bebida e um animal morto, normalmente um galo. Era necessário ajoelhar diante da casinha para fazer os pedidos, porém a minha alma cada vez mais rejeitava essas práticas.

Era uma escolha difícil.

Enfrentar a "coisa" dentro dos meus sonhos, ou agradar a aquela mulher possuída?

A macumbeira demonstrava gostar de mim, e isso me servia de incentivo para prosseguir naquele caminho.

Tenho notícias de que Ramon faleceu e que PS, infelizmente, se tornou alcoólatra, tendo sido visto nas ruas como mendigo. Parecia que esse também seria o meu destino, pois havia muitas semelhanças nos caminhos que escolhemos para nossas vidas: farras, bebedeiras, prostituição, drogas e macumbaria.

O primeiro *show* que fiz tocando contrabaixo foi com Ramon, e a primeira vez que ouvi Wolfgang Amadeus Mozart foi com PS, e junto deles vivi muitas primeiras vezes da minha jornada musical.

A vida resolveu virar a página e continuar escrevendo a minha história longe desses dois grandes amigos. PS, com sua irreverência, e Ramon, afastado da igreja, ambos entregues à bebida, me fizeram pensar em Deus como eu nunca havia pensado.

CAPÍTULO 2

A diversão se transforma em profissão

Banda Terceiro Mundo. Tornei-me profissional da música, mas a motivação subjacente ainda se limitava à paixão pelos sons. Depois de um tempo, veio a banda Cão de Raça, o meu grande sonho musical.

O vocalista da banda, Edson Gomes, cantava músicas repletas de protestos sociais, e isso realmente me realizava.

Eu sempre me senti atraído por mentes que se importam com os menos favorecidos, com os pobres e com os excluídos.

Tudo começou com a televisão, com os filmes de aventura em que os heróis se apaixonavam pelos mais fracos. Numa dessas sextas-feiras santas da vida, conheci pela tevê um homem chamado Jesus, apaixonado pela humanidade. Ele carregava dentro de si uma capacidade extraordinária de amar e de cuidar de pessoas iguais a mim, gente sem nada a oferecer em troca, mas com problemas do tamanho do Universo.

Acredito que seriam necessários dois universos para conter meus problemas. Mas aquele homem do filme parecia ser a maior coisa que eu já havia visto; no entanto, era apenas um filme.

Tocar na banda Cão de Raça foi o primeiro sonho que realizei na vida. Edson Gomes me fascinava cada dia mais com as palavras que pregava nos eventos. Ele falava sempre sobre o

Deus de Abrão, Isaque e Jacó, lia a Bíblia com muita frequência, e era estranhamente ligado a Deus, e como Ramon, conseguia minha atenção quando falava a respeito das Escrituras.

Com a banda Cão de Raça, também veio meu primeiro cigarro de maconha. Eu achava que nunca iria me viciar, confiava na minha mente; eu me julgava "cabeça feita", mas estava errado. Aquele baseado foi o começo da minha verdadeira desgraça.

No começo, tudo são flores. Amigos, mulheres, farras e loucuras, mas o meu jeito de ser estava mudando muito... a minha maneira de falar... as minhas roupas. Eu estava me tornando alguém com aparência marginalizada e vocabulário sujo e imoral.

O que estava acontecendo comigo?

Eu só queria ser músico, tocar contrabaixo e me divertir. Agora eu era um drogado que escondia o cheiro da maconha da família e dos amigos. Eu tentava ocultar meu novo mundo secreto e incorreto, o qual me ajudava na luta contra a "coisa" do meu sonho, que parecia finalmente ter ido embora.

O mundo da droga e a bruxaria aparentemente resolveram meu problema. Mas só aparentemente.

A maconha me dava muito apetite e tranquilidade. Era uma calma estranha, que foi se transformando em leseira, esquecimento e uma necessidade cada vez maior de usar a droga.

Ser pai me ensinou a ser filho

Quando a banda do Edson não viajava, eu tocava em barzinhos. E foi em um daqueles dias que conheci Cássia, uma menina alegre, de família boa e que gostava de beber um pouco. O nosso relacionamento era muito bom, meio sem compromisso, e era agradável estar com ela. Em nossa primeira relação sexual, ela engravidou, e, consequentemente, me enlouqueceu.

Meu Deus! E agora?

Quando eu estava no Exército, namorei uma mulher que também engravidou e fez um aborto. A experiência foi terrível, a mulher quase morreu. Quando fui ao hospital visitá-la, as enfermeiras me chamaram de assassino, de pai desnaturado, de monstro e coisas piores.

Então, resolvi assumir as consequências e fui viver com Cássia. Sair da minha casa parecia estranho, mas eu gostava dela; eu me sentia feliz, apesar de estar perdido nesse novo rumo. A situação era difícil; aluguei um quarto e sala, comprei um colchão, e a vida foi seguindo cheia de dificuldades.

Ela estava com quase sete meses de gravidez quando sentiu contrações. Corremos para maternidade e, vale a pena lembrar que, para dar a luz em um hospital público, é necessário uma maratona, pois nunca se consegue uma vaga no primeiro local procurado. Consegui interná-la e logo veio a notícia: *nasceram*.

— Nasceram? Como *nasceram*?

— São dois, um casal.

A Terceira Guerra Mundial explodiu dentro de mim.

Dois filhos.

Alegria e preocupação duelavam nas minhas entranhas.

E agora, meu Deus, o que fazer?

Todo mundo estava feliz. Todos comemoravam, mas chegou uma segunda notícia não tão animadora:

— As crianças são prematuras, precisarão ficar na maternidade alguns dias, mas a mãe está bem.

Foram dias de suspense. Eu estava lá todos os dias acompanhado o processo. Eles me deixaram entrar na sala onde ficavam os bebês; e, pela primeira vez na vida, vi um filho meu, meus primeiros filhos. Pelo buraco do berço de vidro, eu toquei neles.

Uns três dias se passaram, e a menina morreu. Três dias de convivência, e a sensação é de fim do mundo. Imagine um pai ou uma mãe que enterra um filho já crescido? Acho que todo pai se imagina jogando bola com o filho, brincando, passeando. Idealiza as melhores coisas para o futuro, quer dar ao filho o que não teve, e assim eu passava horas planejando o futuro do menino, que infelizmente também morreu.

Uma semana de existência foi o necessário para perceber que a morte de um filho é algo inexplicável. Quando morre o cônjuge, quem fica recebe o nome de viúvo. Quando morrem os pais, quem fica recebe o nome de órfão. Quando morre um filho, porém, não existe nome para quem fica.

O rosto de Cássia foi o mais triste que eu já havia visto na vida, então tomei a decisão de ter outro filho. Dessa vez, não seria um acidente e Cássia engravidou novamente.

Não entendo o motivo, mas a segunda gravidez afastou Cássia de mim. O nosso relacionamento entrou em crise e arranjei uma amante: Sarinha, a nova tecladista da banda Cão de Raça.

Ela veio da Inglaterra fazer pesquisas no Brasil e, não sei como, ali estava ela tocando na banda. Com pouco tempo de relacionamento, ela também engravidou e agora eu tinha duas mulheres grávidas. Sarinha queria o aborto e estava irredutível. Eu outra vez experimentaria aquilo. Dois filhos mortos por nascerem prematuros, dois filhos mortos por aborto. Onde isso iria parar?

Sarinha está se preparando para ir à clínica onde o aborto será feito. Em casa, Cássia começa a sentir as dores de parto. Meu pai vai levar Cássia para a maternidade, e eu vou acompanhar Sarah até a clínica. Inexplicavelmente, na mesma hora em que Cássia dava à luz, Sarinha estava abortando. Nasce Rafaela, minha filha que tanto amo, que eu tanto quis, e morre mais um bebê sem nome, fruto da sede de sexo sem compromisso, da irresponsabilidade, das aventuras, dos adultérios, daquela coisa indescritível que me tornei.

Alguns meses depois Cássia foi embora. Ela não suportou viver com aquilo em que eu havia me transformado. Um dia voltei para casa, e ela havia ido embora. Depois que Cássia se foi, a minha saúde ficou muito frágil e o meu pai me chamou para voltar para casa dele.

O pecado é como o agiota:
sempre leva muito mais do que deixou

Eu tinha quatro irmãos por parte de pai, e o mais velho também se chamava Lázaro. Que loucura do meu pai! Além de arranjar uma mulher na rua, ainda coloca o mesmo nome nos filhos. Meu nome é Antonio Lázaro Silva, e o nome dele era Lázaro Antonio Silva.

Afora ter quatro filhos na rua, certo dia o meu pai trouxe os quatro para morar conosco. Acho que ele disse para a minha mãe que eram filhos de um amigo. Todo final de semana o meu pai levava os quatro para ver o suposto pai deles, que, segundo ele, estava passando dificuldades com a esposa.

Os meus irmãos chamavam o meu pai de tio, e a minha mãe acreditava. Até que a minha avó materna a alertou sobre a possibilidade de aquelas crianças serem filhos dele. Quando a minha mãe descobriu a verdade, pensou até em ir embora, mas existem pessoas que não têm para onde ir.

A estrada da pobreza é cheia de curvas perigosas e buracos, e o tempo todo sofremos acidentes, não importa que direção tomemos.

A mãe das quatro crianças humilhava a minha mãe, mandava recados, ameaçava-a e oprimia-a. As crianças, no mesmo ritmo, também maltratavam minha mãe.

O mais velho, o Lázaro Antonio, fazia ameaças veladas. A minha mãe me contou que às vezes acordava no meio da noite, e Lázaro estava em pé próximo à cama dela, observando-a, como se estivesse planejando algo. Ele quebrava as coisas propositadamente só para entristecer a minha mãe, que apenas chorava e se amargurava. Foram aproximadamente dois anos nessa labuta.

Talvez você pergunte: Por que ela não foi embora?

As coisas na década de 1970, mais de quarenta anos atrás, eram bem diferentes. As mulheres de hoje conseguem se defender com mais força contra agressões como essas. Elas são capazes de escapar desse terrível calabouço que as decisões machistas lhes impõem. Antes, porém, as coisas eram diferentes, como ainda são na vida de muitas mulheres ainda hoje.

O mundo está cheio de mulheres sendo pisadas e esmagadas como uvas, para que homens perturbados bebam do resultado dessa dor e, embriagados, esmaguem mais ainda, e maltratem mais ainda, e humilhem mais ainda.

Quem tem a solução para esse despotismo?

A vida, só a vida. A vida sempre dá um jeito de consertar as coisas, todas as coisas. Tudo irá se ajustar, tudo.

Depois de uns dois anos, a situação se tornou insustentável e o meu pai levou as crianças embora, mas sempre as trazia de volta para nos visitar.

Meu pai, que figura...

O apelido de um dos meus irmãos era "Delegado". Ele era mais novo do que eu, mas tinha coragem; destemido, gostava de mandar. Infelizmente a coragem do meu irmão o levou a fazer coisas muito ruins, e ele acabou fuzilado pela polícia.

O que sente um pai quando perde um filho de 21 anos, sendo ele mesmo policial e o filho termina morto pela polícia?

O meu pai lutou para mudar a cabeça desse meu irmão; tentou de tudo, mas parece que cada um nasce com sua própria "coisa" dentro de si. Uma "coisa" que quer matar, seja por medo, seja por coragem de cometer o erro; o que ela quer é matar.

Olhar para o meu pai naquele momento me fez enxergar uma tristeza escura como o assombro. Foi o olhar mais desesperador que eu já havia visto e, infelizmente, agora era a minha vez de colocar lenha no fogo que estava matando os meus pais.

O vício tomara conta de mim e meu pai tinha um filho morto, e outro seguindo na mesma direção, rumo ao abismo. Eu me lembro do esforço que os meus pais fizeram por mim, mas eu estava possuído pela droga e não conseguia parar.

Depois daquele dia em que fui à macumba, os pesadelos diminuíram, mas eu me tornei fraco; tudo mudou, a bebida e as drogas me dominaram completamente. Acho que eu estava me transformando na "coisa". Tornei-me perverso como ela, frio, sem misericórdia, bem diferente do cara do filme da sexta-feira santa, diferente de Jesus.

Da mesma forma, na banda Cão de Raça as coisas iam de mal a pior. Eu não conseguia ser amigo de Edson e começamos a brigar. Foram uns quatro anos viajando por aí e tocando *reggae*, mas infelizmente não foi possível continuar.

Um dia desses encontrei Edson Gomes na rua e falamos um pouco sobre Deus. Eu ainda gosto muito de ouvir as falações de Edson. Ele me contou que está travando uma "queda de braço" com o Altíssimo, e sabe que Deus vai ganhar.

Ser vencido pelo amor é a maior vitória que um ser humano pode alcançar. Existem dois reinos, duas propostas para cada ser do universo: odiar ou amar. A sensação é que o ódio já está estabelecido dentro do ser humano, e o reino do amor está vindo com seu exército cheio de graça e misericórdia, a fim de destronar a iniquidade. No entanto, o mal tem o dono do coração como aliado. O dono do coração não quer o reino do amor dentro de si. O coração se recusa a deixar de ser um campo de batalha, um lugar de morte onde são planejadas as piores coisas que já aconteceram nesse mundo.

Deus, no entanto, continua e continuará com sua graça insistente, incompreendida e desprezada, e ao mesmo tempo fortemente armada com a espada da justiça, lutando para convencer a nossa alma de que o amor ao inimigo é o grande "lance".

CAPÍTULO 3

Olodum: seria apenas um show

Fora da banda Cão de Raça, veio a banda Olodum.

O Olodum é uma banda grande, que tem muitos músicos e muitos cantores. Essa característica possibilita dividir a banda para que esteja em dois lugares ao mesmo tempo. Acho que essa divisão só acontecia para viagens internacionais.

Depois de alguns meses fora da banda Cão de Raça, fui convidado para uma dessas viagens internacionais com o Olodum, onde eu participaria tocando contrabaixo e só.

Nenhuma das partes tinha a intenção de que eu permanecesse na banda; afinal, eles já tinham um baixista e eu só estava ali porque o grupo precisava tocar em dois lugares ao mesmo tempo. Mesmo assim, a experiência foi demais. Era a minha primeira viagem internacional: Argentina, Casa Rosada, Teatro Ópera.

Agora eu era iiiiiiinternacional. Humm, grande coisa!

À noite, depois do evento, fomos para um barzinho. Ali, em meio a muitas brincadeiras, resolvi cantar uma música de Bob Marley. E daí surgiu a ideia de cantar esse tipo de música nos eventos que aconteciam semanalmente em Salvador.

Bem, estranhamente eu estava cantando na maior banda da Bahia. O engraçado é que eu nunca havia cantado em banda alguma. Eu era apenas o contrabaixista, e agora estava ali cantando e, para piorar ou melhorar, a situação, eu estava cantando em inglês.

Mostrei uma música minha intitulada "I miss her" ["Sinto falta dela"]. Quando comecei a cantar a música nos eventos em Salvador, foi um estrondo. Na verdade, os méritos pelo sucesso da canção ficaram para o Olodum; afinal de contas a minha participação na banda era esporádica, embora toda semana eu participasse dos eventos em Salvador.

A música ganhou o Brasil, e passei a ser um dos integrantes da banda, como participação especial. A partir daí, eu enfrentaria as maiores guerras que travei na vida.

Algumas pessoas não queriam a minha participação, queriam cantar a minha música; fizeram uma versão, desejando me afastar a qualquer preço. Eu só queria tocar o meu contrabaixo e, como sempre, apreciar o som das canções.

No entanto, havia também alguns que gostavam de mim e me incentivavam a continuar. Eu estava gostando daquela história de cantar, mesmo não tendo abertura para falar, nem para me comunicar com as pessoas pelo microfone.

Que desejo estranho era aquele de falar às pessoas o que eu sentia, como enxergava a vida e como queria fazê-las felizes com minhas canções?

Não me era permitido falar, apenas cantar. Infelizmente, a minha música começou a provocar nas pessoas o contrário do que eu desejava. Eu estava dando a eles o meu tesouro mais precioso, *pois a minha música era e continua sendo eu mesmo em forma de melodia*. No entanto, as pessoas começaram a brigar durante os *shows*, e isso me deixava triste e perdido.

O que fazer quando o seu amor provoca ódio? O que fazer quando a sua melodia de paz gera violência?

Não sei. Eu estava mais uma vez perdido.

O show começa. São vários cantores e em alguns minutos eu subirei ao palco. A minha música é sucesso, todo mundo canta. Estou muito nervoso, pois, apesar de gostar muito de cantar, ainda não me acostumei com o fato de agora ser cantor. Afinar a voz é algo difícil.

O evento está ocorrendo em Salvador, em um bairro da Cidade Baixa. Chega a minha hora de entrar no palco. O contrabaixo faz a introdução da música, e as pessoas vão à loucura. Eu começo a cantar. Todos cantam comigo e de repente ouvimos um tiro; dois, três, muitos tiros. Pessoas correm para todos os lados.

Meu Deus! Será que a culpa é minha?

Por que alguém sai armado para se divertir?

Até no palco o terror era total, e a tristeza explodiu tão poderosamente dentro de mim que lágrimas denunciaram o meu desespero. Não por minha causa, mas pelo fato de pessoas terem morrido naquela noite.

Apesar de desejar que as pessoas agissem com paz, apesar de querer cantar uma música que gerasse apenas alegria, eu precisava me lembrar de que aquela explosão de violência também queria crescer em mim. Queria me transformar na "coisa", na "coisa" diferente de Jesus, na "coisa" que jaz neste mundo e sempre convence as pessoas a puxar o gatilho. Isso sempre me convencia a procurá-la naquele lugar, naquela mulher, na macumba. A "coisa" queria a minha voz, a minha canção, a minha vida.

E eu? O que eu queria?

Eu não sabia o que queria, mas gostava do homem do filme da sexta-feira santa. Infelizmente, era apenas um filme. Seria tão bom se aquele homem vivesse em nossa época...

Meu Deus, como eu poderia imaginar que ele ainda estava vivo e prestes a mudar minha vida?

Foi terrível dormir naquela noite. A "coisa" estava lá, por dentro e por fora. Eu estava sentindo coisas e vendo coisas. A sensação de culpa era enorme; parecia até que havia sido eu pessoalmente quem matara aquelas pessoas.

Meu Deus, como escapar do orgulho de dizer-se famoso ou integrante de uma banda tão conhecida?

Meu envolvimento com a cocaína

Um dia, quando eu bebia com alguns amigos músicos, resolvi experimentar cocaína. A partir desse momento a desgraça seria total. A cocaína é cara, e todo dinheiro que eu ganhava era dividido entre a droga e a macumba. Rapidamente me viciei, pois usava quantidades enormes.

Além da alma, o meu corpo também começou a sentir as consequências. A enfermidade era terrível, e as dores aumentavam a cada dia. O meu pai me levou ao médico, que praticamente me condenou. Os remédios eram caros, e a cocaína já havia levado tudo que eu tinha ganhado. O meu pai comprava os remédios com cheques pré-datados, pois, por pior que seja um filho, sempre há uma reserva de amor dentro do coração dos pais.

Ao longo da vida do meu pai, o amor de Deus se manifestava gigantesco, perdoador e acolhedor. Eu era um filho perdido nos braços de um pai que buscava esperança para algo que aparentemente já estava morto e contaminado pelo mal. No entanto, ali estava aquele guerreiro ferido, provavelmente se lembrando do filho morto, com outro quase moribundo nos braços.

O Olodum quer me levar para os Estados Unidos da América, mas como irei tão enfermo?

Ah, o médico disse que eu estava tuberculoso, mas já tenho os remédios, então vou viajar assim mesmo. Eu quero ir.

Estou no avião, e a dor no corpo é bem maior do que a alegria de conhecer os Estados Unidos. Apesar de já estar tomando os remédios, a enfermidade continua me maltratando, e as dores são insuportáveis. O assento do avião é pequeno, não consigo encontrar uma posição confortável. Decido ajoelhar, e estranhamente essa é a única posição em que a dor abranda. Enfim, chegamos à América.

Pausa para falar de um grande amigo: Miro

Nessa mesma época, eu também participava de uma banda de bairro chamada Época, banda Época. O meu mais novo grande amigo é o baterista. Miro é o nome da "fera".

Os melhores amigos que tive na vida nunca obedeciam às regras. Eu também nunca obedeci. Tudo o que os meus pais diziam "Não faça", eu queria fazer, eu precisava fazer. Miro não era diferente.

As mulheres eram a sua força e a sua fraqueza. Miro chegou a morar com três delas ao mesmo tempo. Ele era implacável, não importava a cor, o cabelo, o corpo, a idade, ele as conquistava.

Tocávamos naquela noite no bairro Federação. Estava com o contrabaixo, Nem Moleza estava com o violão, e Miro tocava a bateria com uma mulher sentada em seu colo. É isso mesmo, ele estava tocando com uma mulher sentada no colo.

Como ele consegue tocar com aquela mulher ali?

Não sei.

Eram três da manhã, e Miro visualiza uma nova presa. O *evento acabou, e eles estavam conversando. A mulher estava muito triste. Eu me aproximei para ouvir a conversa.*

— Eu sou casada e o meu marido me agride diariamente — contou a mulher.

Miro bradou como um trovão:

— Esse sofrimento acaba hoje, vou acolher você. Venha morar comigo. Seremos uma família.

É incrível o que um homem é capaz de fazer e dizer quando quer sexo.

A mulher aceitou. Meu Deus, pobre mulher.

Eles saíram e se divertiram.

Nessa fase, Miro morava sozinho em um quarto 3 x 2 sem espaço para mais nada e mais ninguém.

O dia amanheceu maravilhoso. Era domingo, o sol estava quente, a música tocava alto nas casas, nos carros. Havia muita gente na rua e de repente um caminhão se aproxima do local onde morávamos. Lotado de móveis, plantas, cachorro; estaciona na porta de Miro.

Meu Deus! É a mulher. E agora?

Onde ela acha que vai colocar todas essas coisas? No 3 x 2? Impossível.

Eles conversaram e ela percebeu que a noite passada tinha sido apenas a noite passada, e foi embora com o caminhão.

Homens loucos normalmente se envolvem com mulheres loucas, e assim a vida segue seu curso.

Miro está doente. O que será? Não sei.

Mais uma vez, a morte desorganiza a minha trajetória.

Miro se vai. Ele se tornou uma dessas figuras inesquecíveis do bairro e igualmente inesquecível pra mim.

Nos Estados Unidos da América

Tudo nos Estados Unidos é lindo, pelo menos onde estávamos era muito bom.

Confesso que às vezes acho que vou morrer, assim como morreram os meus amigos, assim como morreu Miro.

Mas a minha doença está sob controle, e os *shows* com o Olodum são ótimos. Olha só: acho que tenho um novo amigo, Zoião, que queria dizer olhos graúdos.

Conversamos bastante e usamos cocaína juntos. Mais um louco, mais um irreverente e mais uma parceria interrompida pela tragédia. Um choque elétrico provocou nele um infarto fulminante.

Por que tantas mortes ao meu redor?

Torno a pensar que todo mundo tem a sua "coisa", e ela quer nos matar, seja pelo medo, seja pela coragem de fazer o que não é certo. Cada morte é como um aviso me convidando para mudar de vida, para me aproximar de Deus.

Viajar com o Olodum provocou em mim grande soberba, uma sensação de importância e superioridade. Não gosto desses sentimentos dentro de mim, mas como escapar se o mundo é isso mesmo? Como escapar se é exatamente isso o que todos procuram?

Uma segurança que gera mais medo, uma alegria que só traz confusão interna, uma vida que só gera morte. Então vem o cara do filme da sexta-feira santa e diz que não somos deste mundo.

Ele mesmo pede para Deus não nos tirar do mundo, e sim nos livrar do mal.

Mas como é isso?

Se o mal é o mundo, como posso viver no mundo e ao mesmo tempo estar livre do mal?

Quando Jesus pede para Deus não nos tirar do mundo, ele está falando sobre um lugar físico, geográfico, terreno. Porém, quando ele diz que não somos do mundo, está falando sobre o sistema que todos os dias nos convida para a inimizade com o Criador.

Esse é um sistema que nos leva a abraçar sentimentos que nos fazem achar que somos melhores do que os outros; sentimentos que prometem vida, matando; que prometem a verdade, mentindo; que geram em nós a vontade insaciável de ter mais e mais.

E, quanto mais temos, menos somos, menos semelhantes ao cara do filme da sexta-feira santa, o qual, tendo tudo, se fez nada e, sendo Deus, não julgou como usurpação o ser igual a Deus. Antes, esvaziou-se a si mesmo e tomou a forma de servo, fazendo-se semelhante a nós, e nessa forma se humilhou, sendo obediente até a morte, e morte de cruz.[1] Ele ensinou ao homem como o homem deve ser: amigo de Deus.

Meu Deus, é possível sentir como aquele cara do filme sentiu?

Sei lá.

Vou parar de assistir a esse filme, pois estou ficando paranoico.

Nos Estados Unidos, tudo era novidade: as cores, as pessoas, os carros. Os brasileiros que conheci por lá chamaram a minha atenção. Eu achava que eram todos ricos e felizes, mas,

---

[1] Filipenses 2.6-8 (*Almeida Revista e Atualizada*). [N. do E.]

na verdade, a grande maioria estava ali procurando uma solução para a vida, uma mudança financeira que supostamente traria a realização existencial tão sonhada.

Eram pessoas boas sendo levadas pelas promessas que o sistema oferece. E, na esperança de conseguir coisas grandes, deixam para trás a família, os pais, o marido, a esposa, os amigos e muitas vezes até os filhos.

Conheci pessoas que se privaram até de participar do funeral de entes queridos, pois sair da América durante a fase da permanência ilegal significava não poder retornar. Quando você chega à América, pode permanecer até seis meses legalmente e, depois desse tempo, a permanência naquele país é ilegal.

Com quinze dias de turnê, senti saudades de casa. O que antes era encantador agora me incomodava. Eu queria voltar, mas a banda ainda tinha mais uns vinte dias de compromissos adiante.

Dentro do grupo, as coisas eram terríveis. As brincadeiras eram perversas: eles jogavam cinzas de cigarro e urinavam nas malas uns dos outros. Impaciência, intolerância, brigas e ameaças faziam parte do dia a dia.

Havíamos voltado ao hotel depois de um dos *shows*, e mais uma vez as brincadeiras pesadas começaram. Um membro da banda se enfureceu com o outro, e a brincadeira acabou em uma briga terrível. Lembro-me da sensação quando vi o sangue escorrendo pelo rosto do colega.

Éramos um grupo. Por que estávamos brigando entre nós?

Os dias passaram, e o clima ficava mais tenso. Qualquer besteira era motivo para ameaças. Recebíamos o pagamento pelos eventos e os valores para alimentação diariamente. Guardávamos o dinheiro no bolso o tempo todo, até durante a noite, pois ele poderia simplesmente desaparecer.

A cada dia eu percebia que a "coisa" estava mais próxima, de uma forma diferente. Não se restringia mais aos meus sonhos, mas se misturava ao meu dia a dia, querendo me matar e me fazer matar. Viver nesse tipo de ambiente obriga qualquer pessoa a ser ou um saco de pancada físico e emocional, ou um espancador — o dilema é oprimir ou ser oprimido.

O respeito nesses lugares apenas se consegue através do medo. Na verdade, acho que não dá para respeitar alguém que nos provoca terror. Não, nesses lugares não se consegue respeito, só medo.

Estávamos no ônibus, quando mais uma vez durante uma brincadeira me aborreci com um dos cantores da banda e parti para agressão, socos, pontapés e xingamentos.

Imagine comigo.

Um ônibus com uma banda brasileira, em uma estrada, dentro dos Estados Unidos, rumo ao Texas, e dois cantores da banda trocando pancadas. Parece até um filme de comédia.

As mulheres brasileiras que encontrávamos achavam que éramos ricos no Brasil. Nós inventávamos que tínhamos locadoras de carros, agências de publicidade, academias e muito dinheiro na conta, quando, na verdade, no meu caso, pelo menos, o que me esperava no Brasil eram as dívidas, os remédios, o traficante e a macumbeira.

É incrível o que um homem é capaz de dizer e fazer quando quer sexo.

Algumas dessas dívidas teriam de esperar, pois eu não poderia chegar ao Brasil sem comprar roupas americanas, eletrônicos, essas coisas de marinheiro de primeira viagem.

Finalmente chegou o dia de voltar para casa.

CAPÍTULO 4

Não me pareço mais com os meus pais

Quando cheguei ao aeroporto de Salvador, o meu pai e a minha mãe estavam me esperando. Saí para aquela viagem muito doente, e os meus pais queriam ver pessoalmente como eu estava.

A alegria do reencontro se transformou em decepção quando meu pai viu minha orelha furada. Acho que eles perceberam que eu estava entrando em um caminho onde nem eles, nem ninguém do nosso convívio, poderia me acompanhar.

A vida está sempre nos propondo escolhas, e o sistema astuto e sedutor, nos chama com voz de sereia.

Existe uma lenda de navegadores que diz que, em alto-mar, existem sereias, mulheres que são como peixes da cintura para baixo. Quando elas cantam, é impossível não se atirarem ao mar e tentarem alcançá-las, o que provoca o afogamento de muitos. A solução é amarrarem-se uns aos outros nos mastros do navio, para que, ao ouvirem o canto, não se atirem ao mar.

É com esse feitiço que o erro nos chama. Foi nesse encanto mortal, nessa doçura venenosa, nessa perversidade que promete realização, foi nessa mentira em que eu acreditei.

A solução é se amarrar ou deixar que alguém nos amarre ao mastro da verdade.

Mas qual é a verdade ou o que é a verdade?

Naquela época, eu achava que a verdade era ter fama. A fama me trazia vantagens, apesar de estar me transformando em uma sereia, com um canto que atraía pessoas para a morte.

O que realmente importava era o fato de a fama ter se tornado realidade na minha vida. Apesar de o Olodum levar todos os créditos, apesar de todos conhecerem a música e não a mim, e eu muitas vezes passar anônimo pela história, eu sabia que a música era minha, e isso me bastava.

Tudo estava bem. As previsões da macumbeira eram as melhores possíveis, e eu estava ganhando dinheiro. Não era muito, mas eu nunca havia ganhado tanto em toda a minha vida. Não era suficiente para enriquecer, mas me permitia fazer muitas coisas.

Num daqueles dias, passeando pela cidade, encontrei um camarada que me alertou a respeito das maldades que passavam pela cabeça de alguns membros da banda em relação a mim. Ele me contou que um dos cantores havia oferecido sangue de animal na encruzilhada para que as entidades tirassem a minha vida. Eu não me preocupei, pois minhas obrigações para com a "coisa" estavam em dia, considerando os termos da macumbeira.

Nessa mesma semana, eu havia deixado o meu contrabaixo na casa do Olodum e resolvi buscá-lo. Não me lembrei de que havia uma escada ali. Na verdade, era como se aquela escada nunca tivesse existido. E tropecei feio.

Rolei escada abaixo, perdendo parte do couro cabeludo. Fiquei internado alguns dias com escoriações por todo o corpo.

"Poxa", se eu estava com o corpo fechado, o que teria acontecido?

Quando saí do hospital, fui à casa da macumbeira para saber por que a bruxaria que armaram contra mim havia funcionado. Ela disse que eu precisaria fazer algo mais forte.

Por exemplo, gastar mais, ficar sem sexo por um tempo e tomar banho com uma água tão malcheirosa, que desta vez até os vizinhos reclamaram. A água exalava um cheiro tão ruim que o meu vizinho pensou que o esgoto havia estourado. Na verdade, o esgoto era eu.

Mais uma vez, o "trabalho" não funcionou, e acabei sofrendo um acidente de carro.

Depois de muita bebida e uma noite de farra com duas amigas, estávamos voltando para casa, quando de repente, ouviu-se o estrondo. Não sei como aconteceu, era final de noite, estávamos sorrindo, com certeza namoraríamos, mas num piscar de olhos o carro estava no poste com toda a frente destruída.

A minha cabeça sangrava muito. Eu não sentia nem ouvia nada. Era como se eu estivesse observando o acidente de fora do meu corpo. Alguns minutos depois, abri os olhos, e eu estava sozinho no carro. As mulheres me deixaram ali, sangrando, e foram embora. Ainda tonto, tentei fazer o carro funcionar, mas foi em vão.

Depois de aproximadamente uma hora, passou um amigo de carro e parou para me ajudar; era o Roberval. Empurramos o meu carro até um lugar seguro e fomos para o hospital. Acho que desmaiei no caminho. Apenas me lembro de ter acordado na emergência, no meio da tarde. Fui para casa medicado, mas o ferimento na cabeça infeccionou e surgiram bichinhos na ferida, aqueles mesmos que aparecem em ferimento de cachorro.

O que estava acontecendo com Lazinho, filho da dona Nilza e do seu Waldemar, irmão da Márcia, Mary e Elizinha?

Como um garoto de pais tão dedicados e preocupados chegou a esse ponto?

Meu Deus, meu pai deixou de comprar comida para comprar meu contrabaixo, e eu retribuo desse jeito?!

Minha mãe cavou buraco, trabalhou de costureira, andava quilômetros carregando água na cabeça e eu retribuo desse jeito?!

Preciso mudar de rumo, mas não tenho forças.

E não conheço o caminho de volta. Quanto mais tento voltar, mais longe me vejo; quanto mais desejo paz, mais violento me torno. E a cada dia sou mais maltratado pelas minhas escolhas.

Será que ainda há jeito para mim? Não sei.

Novos "trabalhos", quero dizer, novas macumbas, novos rituais, novas encruzilhadas, novas tristezas, novos desesperos e nenhuma esperança.

Alguém aconselhou:

— Lazinho, você precisa de um macumbeiro mais forte.

E lá vou eu, ladeira abaixo na vida, desgovernado, desejando a morte e tentando provocá-la por meio da cocaína.

Arrumei um novo macumbeiro e estava com uma viagem agendada para a Europa com a banda Olodum. Parece que agora vai!

Esse novo macumbeiro era mais forte e mais experiente. No primeiro mês, ele disse que o espírito do meu irmão estava atrapalhando a minha vida, e eu precisava fazer um "trabalho" para mandar o espírito dele para o inferno.

Meu Deus! Eu não queria que o espírito do meu irmão fosse para o inferno! Apesar de tudo, ele era meu irmão.

Achei que o macumbeiro estava doido, fora de si, pois eu jamais faria aquilo. Ele me mandou entrar em um lugar onde havia uma estátua de ferro com chifres e um tridente na mão. Havia também uma pedra negra e outras coisas estranhas.

Foi a última vez que busquei ajuda naquele lugar.

Resolvi ficar sem religião e, consequentemente, a "coisa" voltou, mais terrível do que nunca.

O fundo do poço

Voltando de mais uma viagem com a banda Olodum, troquei pancadas com outro cantor da banda no aeroporto. Foram gritos, xingamentos e ameaças de morte. Fui até o carro, peguei o macaco hidráulico e tentei acertar a cabeça do cantor.

Tudo estava fora dos limites; a minha mente estava a ponto de pifar. Havia um mundo de terror dentro da minha cabeça, o qual me seduzia a ponto de a vida aqui fora não ser suficiente para me segurar na realidade. Eu estava perdendo a noção das coisas, não sabia mais o que era imaginação e o que era real.

Afastei-me da banda. Não queria mais tocar no Olodum, não queria mais falar com ninguém, não queria mais viver, nem queria mais religião alguma. Apenas queria voltar a ser Lazinho, aquele menino que desejava cuidar dos pais, mas, ao contrário disso, os estava matando.

Fora da banda, viciado e sem ter como conseguir dinheiro, comecei a vender as minhas coisas e a trocar por droga. Foi muito duro ver o traficante levar os meus instrumentos, as minhas roupas, as minhas coisas. Mais duro ainda foi vê-lo usar as minhas camisas, desfrutar o meu trabalho enquanto eu me drogava loucamente.

No entanto, de todas as coisas que aquele homem me levou, a mais valiosa foi a minha dignidade.

Meu pai resolveu me mandar embora de casa. A maneira pela qual eu estava tratando a minha mãe causou indignação em toda a família.

Definitivamente na rua, experimentava duas sensações terríveis: não ter para onde ir e não poder contar com o apoio de ninguém.

É muito estranho passar o dia todo na rua, sem ter abrigo, bebendo água da chuva, sem tomar banho, virando motivo de chacota e sendo envergonhado por todos.

Lembrei-me de PS. "Poxa" vida! Acabei do mesmo jeito.

No final das contas, as nossas escolhas foram as mesmas, e agora o meu fim estava sendo o mesmo que o dele.

É terrível chegar ao fundo do poço e descobrir que ainda há mais para descer. A minha mente não suportou: simplesmente enlouqueci.

Todos os castigos chegaram de uma só vez, juntos. A minha cabeça não aguentou e acho que perdi a razão.

Vaguei pelas ruas por mais ou menos uma semana, com a sensação de estar sendo perseguido. Sem tomar banho, comia o que encontrava pela frente e dormia ao relento.

A sensação de loucura é terrível. É como estar semiconsciente, possuído por uma força maior do que você. É uma espécie de consciência paralela que entorpece a realidade, trancando-o dentro de si mesmo e proibindo-o de enxergar o dia, as cores, a vida. Tudo perde o sentido e só se consegue enxergar o terror. Só se consegue enxergar a "coisa".

A opressão é total, e a contagem dos dias também perde o sentido. Não se sabe mais que dia é, que horas são. Aos poucos, fui me esquecendo até do meu próprio nome.

Às vezes me vinham alguns minutos de realidade. E, em um desses momentos, sentei num banco de praça, no silêncio absoluto da quase morte, da quase loucura, do total vazio, e ouvi passos se aproximando. Foi quando um homem invisível começou a conversar comigo.

Que doideira!

Era estranho, pois ele falava dentro da minha mente. Agora eram dois seres na minha loucura: um que me assombrava, a "coisa", e o outro que apenas queria conversar. Era como se ele gostasse de me ouvir. Meu Deus! Guerra espiritual ou doideira ao quadrado?

Fiquei mais de um mês dormindo aqui, ali, na casa de um, na casa de outro, mas felizmente voltei à realidade. Conversar com aquele homem invisível me trouxe de volta, mas ele se foi e não retornou, e eu estava novamente sozinho.

Aceito qualquer coisa, menos ser crente

Fui à Associação de Músicos e recebi um dinheiro, algo como um salário-mínimo. Procurei uma casa para alugar, perto de algum lugar que vendesse drogas, mas não encontrei.

Bem, aluguei um quarto e sala em uma avenida de Salvador chamada Cardeal da Silva, e ali comecei uma nova fase da minha vida.

Do outro lado da rua do meu novo lar, havia uma barraquinha de lanches. O dono se chamava Márcio e, como se não bastasse, ele era crente, daqueles que ficam lendo a Bíblia e orando.

Meu Deus, como alguém podia viver daquela forma? Como alguém podia querer ser crente?

Sei lá, mas pelo menos era um novo colega, meu primeiro nessa nova fase.

Ele falava a respeito de Deus o tempo todo; não tinha outro assunto. Também tocava violão, mas apenas músicas de crente. Um dia me disseram que as minhas músicas se pareciam com aquelas que o Márcio gostava de tocar. Foi uma comparação trágica! No entanto, entre aquelas canções chatas, uma chamou a minha atenção:

> Não consigo viver sem teu amor,
> Não existe sabor na minha vida,
> Sem o toque desse seu amor,
> Não vejo saída...[1]

Essa canção veio como um desses vírus que mata em vinte e quatro horas. Eu só conseguia pensar nela, a ponto de aprender a tocá-la. E toquei nas rodas de drogas, nos bares, em todo lugar.

Apesar de gostar da canção, eu também gostava de discutir acerca dos pensamentos religiosos de Márcio. Ora, ele só pensava em igreja, em Bíblia, em Deus, em oração. Que maluquice!

Na minha primeira noite no meu novo endereço, a "coisa" voltou. Ela falava comigo enquanto eu estava acordado. Aparecia na forma de uma criança, uma criança assustadora que entrava e saía do meu banheiro a noite toda. Ela aparecia também em forma de uma mulher magra, com mais de 2 metros de altura, e com a aparência de uma pessoa doente que lavava pratos na minha cozinha a noite toda.

Às vezes eu estava assistindo à televisão e as personagens dos filmes paravam de contracenar para falar comigo. Eu desligava a tevê e ela religava sozinha; eu tirava a tomada da eletricidade, e o aparelho continuava funcionando. Durante o dia, a "coisa" corria em cima do telhado e eu ouvia os passos dentro da casa.

---

1 Letra e música de Ednaldo Mendes. [N. do R.]

Eu perguntei ao Márcio várias vezes se ele havia visto alguém em cima do meu telhado, pois a barraquinha dele ficava bem em frente à minha casa.

Continuei usando cocaína em grandes quantidades e caí doente novamente. Vomitei sangue, o meu nariz e os meus ouvidos sangravam constantemente e até minhas fezes vinham com sangue.

Conheci duas mulheres que me ajudaram muito, e agradeço a Deus por elas terem atravessado a minha jornada.

A primeira se chamava V, a quem praticamente expulsei da minha vida. Era uma boa pessoa, que gostava de mim, mas eu me tornei especialista em maltratar os outros. Eu não conseguia amar, ser grato, ser paciente, então preferi abrir mão do relacionamento. Entre tantas outras coisas que ela fez por mim, mesmo sem nenhuma inclinação religiosa, V chegou a frequentar uma igreja, pedindo a Deus para me ajudar.

Depois veio R, que de modo semelhante foi um amparo maravilhoso. Mas, devido à minha maldade, eu também me esforcei para que ela fosse embora. Durante um tempo eu me isolei para não ferir as pessoas, pessoas que gostavam de mim, pessoas de quem eu gostava.

A barraca do Márcio era frequentada por alunos de uma universidade que havia por perto, e também por crentes. Os universitários gostavam de me ver cantar, mas os crentes só criticavam a minha música, as minhas roupas, o meu jeito. Eram pessoas terríveis. O Márcio, porém, era mais leve. Apesar de ele viver numa atmosfera sem muitos acontecimentos, era bom ouvi-lo falar sobre Deus. Mesmo sem nunca ter me convidado para ir à igreja, acho que queria que eu me tornasse um deles. Ele era uma pessoa legal, mas a maioria dos crentes que frequentavam a barraquinha era pessoas que realmente eu nunca consideraria como exemplos para um novo rumo.

Conheci também Natanael, Mosca, os vigilantes da faculdade e os proprietários do quarto e sala onde eu vivia. Todos eram gente muito boa.

O cerco celestial

Parecia que todos os crentes do bairro tinham resolvido me perseguir. Até nas rodas de drogas, eles se aproximavam para falar de Deus. Comecei a evitá-los, mas não adiantava. Eles estavam em toda parte. Como se não bastasse, o barzinho próximo à barraca de Márcio fechou e virou uma igreja.

Tudo nessa vida é possível, mas ser crente... aí já era demais. Para completar, o Olodum me convida para uma nova viagem. Quando perguntei para onde seria, eles responderam:

— Para Israel.

Observe:

Um crente com uma barraquinha na minha porta;

Os crentes não me deixam em paz, querem falar de Deus comigo o tempo todo;

Meu barzinho predileto se transformou numa igreja;

E o Olodum me convidou para ir a Israel.

Coincidência ou não, confesso que fiquei assustado. Parecia um cerco celestial.

CAPÍTULO 5

Jerusalém, Jerusalém

Tel-Aviv é o nosso ponto de chegada, e os *shows* com a banda são ótimos. Nessa cidade fumei pela primeira vez uma droga chamada Skank, que é um pouco mais forte que a maconha.

Fiquei "lombrado" alguns dias,[1] e nessa "lombra" fui até Jerusalém, Cidade Santa. Chegando lá, fui levado ao Muro das Lamentações e me disseram que, se eu escrevesse um bilhete e o colocasse na fresta do muro, Deus me ouviria e me responderia. De certa forma, acreditei naquilo e resolvi escrever.

Eu queria escrever "MEU DEUS", mas não sentia que ele fosse "meu". Acreditava na sua existência, mas escrever "MEU DEUS", em Israel, diante do Muro, não; definitivamente eu não era capaz de fazer isso.

Então escrevi: DEUS ME DÁ PAZ.

Acho que, naquela mesma hora, o homem do filme da sexta-feira santa gritou do céu: *A minha paz vos dou* (João 14.27).

Quando coloquei o bilhete no muro, um fogo acendeu dentro de mim. Comecei a me lembrar das palavras do Márcio, das palavras dos crentes, da igreja que havia no meu bairro quando eu era criança, da igreja em frente à minha nova casa,

---

1 Na linguagem dos viciados, "lombra" é qualquer efeito produzido pelo uso de drogas, especialmente maconha. [N. do R.]

aquela que outrora era um bar. Tudo veio à minha mente em um relance. A minha família, a minha filha Rafaela, os meus amigos que morreram, a fama, tudo.

Apesar de toda essa experiência, ao retornar ao Brasil, eu me joguei novamente na cocaína.

Só que agora existia dentro de mim uma guerra, um desejo de mudar.

Eu cheirava cocaína, assistindo a programas evangélicos durante as madrugadas. Os pregadores me fizeram companhia durante muitas noites enquanto eu usava drogas. As pregações desses pastores e do Márcio me animavam, atraindo-me para esse ambiente de espiritualidade até então desconhecido.

O cenário já estava todo pronto, mas o meu coração ainda resistia. Um dia resolvi procurar ajuda e pedi para um amigo taxista me levar até um centro de recuperação. No entanto, o taxista me levou à casa de um traficante e lá usei drogas a noite toda.

Cultos noturnos aconteciam quase todos os dias na igreja. E, diariamente, os cultos se realizavam na barraca do Márcio. Havia no meu coração agora uma chama queimando.

Um dia usei tanta droga que tive um colapso. Então resolvi visitar aquela igreja, não para ser crente, mas para morrer em paz, pois senti claramente que a "coisa" estava me levando embora. Eu apenas queria morrer em paz com Deus, morrer com a esperança de encontrar com o homem do filme da sexta-feira santa. De casa ouvi que o culto havia começado. Era incrível a alegria com que aquelas pessoas estavam cantando naquele dia.

Chegou o dia da grande batalha

Era 6 de junho de 1999, um domingo, e mais uma vez eu estava drogado. É como se a cocaína fosse uma namorada por quem eu estivesse apaixonado. Eu faço tudo por ela, quero estar com ela, preciso dela... Como eu gostaria de acabar esse relacionamento.

Que música é essa?

Vem da igreja.

Se eu não estivesse doente, hoje eu iria visitar essa reunião dos crentes.

Bem, não tenho forças nem para tomar um banho, mas vou assim mesmo.

Já vomitei sangue. Essa enfermidade é grave e acho que não passo dessa noite.

Meu Deus, o que faço?

Vou à igreja.

Saí de casa levado apenas pela esperança de uma morte tranquila, lembrando-me da Bíblia, desejando ter passeado em Jerusalém com aquele homem do filme. Eu visitei a cidade do filme, e quem dera que ele me encontrasse como visitou a tantos naquele lugar.

Jesus, acredito em ti agora, e não sei por quê, mas eu te amo. Ajuda-me a encontrar o caminho.

Era só o que eu pensava naquele momento.

Como pode ser isso?

Será que enlouqueci novamente?

Nem sei se essa história de Jesus é verdadeira.

Como posso amar alguém que eu nem sei se realmente existiu ou ainda existe?

Atravessei a rua.

A igreja é no primeiro andar. Estou acostumado a subir essas escadas... já subi tantas vezes para beber. Mas hoje está muito difícil: a "coisa" não me deixa prosseguir. Ela me puxa para baixo, mas misteriosamente há algo dentro dessa igreja que está me ajudando a subir essas escadas.

A sensação é a de que estou me arrastando para vida. É como se eu estivesse escapando de um incêndio, tirando uma roupa muito apertada.

O *homem começa a falar. Parece que vou vomitar a mim mesmo. É como se eu fosse rasgar, e de dentro de mim, fosse sair outro eu, que estava aprisionado. E de repente eu grito:*

EU ACEITO!

E grito com a consciência de que era eu que estava sendo aceito por ele.

Ele não era mais o homem do filme, mas o Jesus da minha vida e, pela primeira vez, chorei de alegria. Não tomei a decisão de entrar em uma religião, mas de ter aquele homem misturado na minha vida, misturado em mim. Eu desejava que, da mesma forma que ele me ajudou a subir aquelas escadas, também me ajudasse a descer dos meus altos orgulhos, dos pedestais das minhas maldades, e principalmente, que tirasse a "coisa" de dentro de mim.

Quem pregou naquela noite foi o pastor Miguel Navarro. Ele também me presenteou com uma Bíblia, que eu lia todos os dias.

Pronto, estou pronto para morrer. Mas parece que a "coisa" desistiu de me levar, ou então não está conseguindo me carregar.

As noites são tranquilas. Sinto uma sensação de paz, e a vida entrou em uma fase maravilhosa. Mas "alegria de pobre dura pouco". E, na semana seguinte, a droga me vence mais uma vez.

Depois de uns dois meses, resolvi voltar à igreja. Logo percebi que, ao lado daquelas pessoas, eu ficaria mais forte.

Percebi que, quando as pessoas se reúnem em nome de Deus, algo poderoso acontece.

Quem pastoreava a igreja não era mais o pastor Nelson, mas o pastor Samuel, com sua esposa, a irmã Lúcia, e seus filhos. Fui convidado para uma campanha de oração, dessas em que todo mundo fica gritando e pulando. Eu não entendia por que eles se comportavam daquela forma, mas aquilo tudo me fazia muito bem. Aquele ambiente de crentes doidos acabou me cativando também, e agora lá estava eu gritando, pulando e feliz.

Sei que Deus não é surdo, mas é tão bom gritar por ele no meio do seu povo. Um povo simples, um povo aparentemente desvairado, mas que resolveu me ajudar, com toda aquela loucura, a chegar ao amor sano desse Deus, que se declara louco em relação à sabedoria humana.

O pastor me obriga a ficar de joelhos por horas. Meu Deus! Mas que tanta oração é essa? Eu falo com Deus, leio a Bíblia, tudo de joelhos, e aproveito até para tirar um cochilo...

Cara a cara com a "coisa"

Em meio à campanha de oração, chegou a hora de enfrentar a "coisa" de uma vez por todas.

Sentia ânsia de vômito o tempo todo; havia algo que parecia se mover por dentro dos meus ossos. A "coisa" agora se manifestava enquanto eu adorava na igreja. Tudo voltou a ser terrível, mas dessa vez eu vou enfrentar o desafio; não vou desistir, pois Jesus está comigo.

A oração começou. Parecia que eu ia desmaiar; sentia dores, e as lembranças da minha infância estavam muito fortes. Sentia saudades da minha casa, da minha mãe, do meu pai, das minhas irmãs.

De repente o chão se abriu e a "coisa" tentava me levar. Acho que os meus gritos desesperados de socorro eram ouvidos por todo o bairro. Mãos com unhas grandes e sujas me puxavam para dentro do chão aberto. Ouvi o som de algo rasgando, uma espécie de rasgo dimensional, acima da minha cabeça, e mãos como de uma criança me ofereceram ajuda. Agarrei-me àquelas mãozinhas e fui tirado das garras da "coisa", que naquele dia saiu definitivamente de dentro de mim. Às vezes ela tenta me assustar, mas, agora que não está mais em mim, eu consigo vencê-la com ajuda de Deus.

Não acredito: Lazinho virou crente

O inacreditável aconteceu. Agora eu era um deles, um crente. Na verdade eu me tornei crente em segredo; ninguém podia saber dessa decisão. A notícia, porém, se alastrou rapidamente, e todos passaram a visitar a igreja para ver se isso era realmente verdade.

As pessoas me olhavam boquiabertas e, assustadas, comentavam umas com as outras:

— Como alguém como ele se torna crente?

— O que será que aconteceu?

— Ele deve ter enlouquecido.

— Que maconha é essa que dá vontade de se tornar crente?

Era a hora de os amigos me testarem, me aborrecerem e me oferecerem drogas.

Um dia, um deles foi até o lugar onde eu morava e me ofereceu cocaína. Quando recusei, ele disse:

— Qual é, "meu", você vai engolir esse "lero" de pastor? Você é um cara "cabeça", um artista; vai entrar nessa onda? Acorda, "negão"!

Então respondi:

— A quem devo ouvir, então? A você? O Pastor está me oferecendo Deus, e você está me oferecendo o Diabo. O Pastor está me oferecendo palavras de vida eterna, e você só me mostra o caminho da cocaína.

Ele retrucou:

— Eu não fui com a cara do pastor dessa igreja.

E eu lhe expliquei:

— Amigo, não é sobre o pastor da igreja que estou falando. Estou falando sobre o bom Pastor. O pastor da igreja é um homem que, apesar de carregar na alma seus defeitos, só quer me ajudar, enquanto você quer me oferecer drogas. "Eu te repreendo, 'coisa' do inferno. Saia do meu amigo agora!"

Ele correu desorientado. Existem pessoas que amam mais as trevas do que a luz. Oro para que um dia ele ame a luz.

A igreja é batista, o pastor é assembleiano, e a cada dia eu sinto mais forte que Deus está comigo. Mais um culto começa. É uma manhã linda, e alguém totalmente inesperado entra na igreja: o traficante.

Eu estava devendo a ele cerca de três salários-mínimos. Também estava devendo à macumbeira mais ou menos a mesma quantia, e o meu aluguel ainda estava atrasado alguns meses.

O traficante entrou na igreja com uma aparência de ameaça, pois dever ao tráfico significa correr risco de vida.

Conheci pessoas que morreram por deverem quantias bem inferiores à que eu devia.

O homem entrou, sentou, e no final do culto conversamos:

— E aí, Lazinho, que história é essa de você ser crente? Vim buscar o meu dinheiro.

— Calma, meu irmão, pois hoje a única coisa que posso fazer por você é uma oração.

— O quê? Oração? Se você não me pagar, a coisa vai ficar feia "pro" seu lado.

Ameaçando-me de morte, ele foi embora.

Quando me converti, pensei que iria morrer, mas Deus resolveu alongar minha vida, e isso acabou me trazendo muitos problemas.

Como eu pagaria a toda essa gente?

Um desejo muito forte de visitar o traficante estava me inquietando.

Como eu poderia visitar alguém que queria me matar? Que vontade suicida era aquela?

Seja o que Deus quiser! Eu vou.

Quando cheguei à casa do traficante, fui recebido com um sorriso e uma pergunta:

— Veio me pagar?

— Não, vim orar por você — respondi.

O homem enlouqueceu. Mesmo assim, entrei e continuei falando a respeito de Deus para ele. Prometi que um dia lhe pagaria a dívida, e comecei a contar meu encontro com Jesus.

Acho que ele não quer mais me matar, mas espero um dia poder pagar as minhas dívidas.

O proprietário do lugar onde moro mandou me chamar para cobrar o aluguel.

Eu não tinha para onde ir, então comecei a me preparar para enfrentar as ruas mais uma vez. Fiz uma oração dizendo a Deus que jamais me afastaria dele, mesmo que o mundo desmoronasse, mesmo que eu não encontrasse um lugar para morar. Eu só não queria mais ficar sem Deus. Nunca mais!

Entrei no escritório e o senhorio começou a falar:

— Lazinho, minha intenção era mandar você embora, mas algo tocou em mim e decidi deixar você morando aqui. Quando puder, você me paga.

E prometi que um dia pagaria, e por fim acabei pagando todos eles.

Recebi quatro mil reais de direitos autorais, separei o dízimo e paguei as minhas dívidas. Paguei ao traficante, ao proprietário do imóvel onde eu morava e também à macumbeira.

Os motivos que têm levado algumas pessoas para a igreja são estranhos. Eu me converti com o desejo de ver minha dignidade restaurada, de me tornar uma pessoa digna de confiança, perdoada e perdoadora. Mas conheci muitos que se comportavam como se tivessem recebido permissão divina para enganar, passar calote, explorar os menos favorecidos, pregando sobre Deus, mas vivendo como se Deus não existisse.

Quando percebi que era hora de gravar o primeiro CD, pedi a Deus que alguém me emprestasse o dinheiro necessário. Eu queria que alguém acreditasse em mim antes que eu gravasse, e algumas pessoas apareceram oferecendo o dinheiro para a gravação. Eu tinha um propósito e acreditava que alguém iria confiar em mim, mesmo eu sendo um ex-viciado.

Eu queria experimentar a sensação de ter uma dívida com alguém que acreditou em minha intenção de mudar de vida.

Muitas vezes, antes da minha conversão, tive em mãos o dinheiro para pagar o aluguel, mas a força do vício me vencia.

Certa vez encontrei o proprietário na porta da minha casa, e o dinheiro estava no meu bolso, mas eu lhe disse que em meia hora o visitaria para quitar a dívida. Infelizmente, porém, quando caí em mim, já não me restava nem um centavo e eu estava completamente drogado.

O mais triste era não ter forças nem mesmo para mandar algum dinheiro para a minha filha Rafaela, que felizmente era tratada com carinho pelo homem que convivia com a mãe dela. O fato de saber que a minha filha estava bem me tranquilizava, mas eu me sentia muito humilhado por nunca ter nada para oferecer, pois o vício havia se tornado prioridade na minha vida.

CAPÍTULO 6

Passando pela prova e dando glória a Deus

Eu me tornara um servo de Deus sem trabalho, morando de aluguel e que até passava fome. O arroz acabou, o feijão também e, com um pouco da farinha que restou, eu fazia farofa. A farinha acabou, mas não a fé. Eu me sentia feliz e cheio de paz. A "coisa" foi embora, e Deus estava me preparando para novos desafios.

Eu cantava na igreja acompanhado por uma guitarra que às vezes ficava com uma das cordas quebrada. Infelizmente, nem sempre o pastor tinha o dinheiro para repor. Com corda ou sem corda, eu queria cantar. Era bom entoar canções que deixavam as pessoas felizes, mas sempre existe uma intenção perversa em algumas pessoas, dizendo fazer um bem que ao mesmo tempo acaba magoando alguém. Era hora de aprender que não seria fácil permanecer na igreja.

Uma mulher começou a frequentar o nosso pequenino grupo; tinha muitas ideias, sabia cantar, mostrava-se disponível, mas cismou comigo. Alguém atribuiu a ela o papel de ministra do louvor. Só que, na verdade, ela parecia mais a chefe do louvor, e rapidamente me afastou.

Eu só queria cantar para Deus. Não importava se no púlpito ou nas cadeiras, a minha voz era a mais alta da igreja.

Depois que os cultos terminavam, eu tocava meu violão nas praças, nas rodas de viciados. Eu queria cantar para Deus e ninguém iria me impedir. Eu queria continuar na igreja e ninguém me obrigaria a sair de lá.

Comecei a escrever algumas canções que muitas pessoas gostavam de ouvir.

Queria saber mais sobre a Palavra de Deus. Tinha sede de aprender, mas parecia que, para a maioria das pessoas, bastava estar na igreja. Eu também amava estar ali, mas desejava mais.

Queria entender o que realmente Jesus estava dizendo, o que realmente significavam as passagens bíblicas. E essa sede me levava a fazer perguntas que deixavam algumas pessoas chateadas. Deus sabe que eu não queria contendas, eu só queria aprender.

Por causa dessa sede, infelizmente fui convidado a deixar aquela igreja e a procurar outra, mas não aceitei a expulsão e disse:

— Daqui eu não saio de jeito nenhum. Jesus me trouxe da lama para ficar aqui, e ficar para sempre. Nada, nada mesmo, me fará desistir.

Eles não imaginavam a guerra que travei durante toda minha vida.

Eu não estava ali em busca de sorte na vida. Sorte eu sempre tive. O que eu nunca tive foi juízo ou responsabilidade. Contudo, eu estava disposto a conquistar essas coisas em Deus, e sabia que a igreja podia me ajudar. O pastor queria me ajudar. Eu não deixaria que pessoas que não tinham interesse nessa explosão majestosa de graça e misericórdia me atrapalhassem.

Aquela ministra do louvor deixou a igreja, e eu ainda permanecia por lá. Eu precisava de ajuda e queria ser ajudado.

É bastante simples perceber que essa ajuda só pode vir de pessoas que aprendem a nos amar, que se importam conosco e que nos exortam com a seriedade necessária para tratar o erro e, às vezes, explodem diante de nós com a força daqueles que amam.

No entanto, os "chefões" espirituais querem ser nossos donos, querem ser donos das pessoas e simplesmente dizer: "É a minha ovelha, é o meu isso ou o meu aquilo", quando na verdade eles deveriam dizer e sentir: "É o meu amigo, o meu irmão, o meu querido".

Em meio a tantas lutas, um presente de Deus: Marta

Chegou à igreja uma jovem chamada Quelen, e com ela também entrou na minha vida a minha filha Marta. Ela nasceu bem, mas depois apareceram tantos problemas de saúde...

Era madrugada, e Marta não estava bem. Ela chorava como quem sentia muitas dores. Eu precisava levá-la ao médico, mas o dinheiro só dava para a ida.

Meu Deus, como eu voltaria do hospital com Marta?

Fui assim mesmo ao hospital e disseram que ela precisaria ficar internada. Lembrei-me dos meus dois filhos que haviam morrido e me desesperei. A enfermeira pegava no bracinho de Marta com força para colocar o soro, e cada gesto ríspido daquela mulher me torturava.

Como ela podia tratar uma criança doente daquele jeito? Por que ela não procurou outra profissão? Por que estava fazendo aquilo com minha filha?

Percebi que só com ajuda de Deus somos capazes de não odiar alguém que faz essas coisas.

Marta foi internada várias vezes e estava cada vez pior. Deixei Marta no hospital e voltei para casa caminhando, na esperança de conseguir dinheiro emprestado para buscá-la de volta. Nesse dia, alguém me ajudou a trazê-la para casa.

Certa ocasião, ela precisou ficar na emergência de um hospital que só mantinha internações por vinte e quatro horas. No término do período tive de tirá-la da emergência, voltar à portaria do hospital, preencher toda documentação mais uma vez e tentar interná-la novamente.

Imagine o que um pai sente vendo seu filho ser espancado, torturado e crucificado. Só Deus pode ensinar aos seres humanos os caminhos da vida, pois sente um amor inexplicável por nós, um amor inabalável que nunca diminui e não tem mais para onde crescer. Esse amor ultrapassa os limites do entendimento, e sua força foi capaz de matar e ressuscitar Jesus para que nós — eu e você — tivéssemos vida.

O tempo passou, e Marta foi melhorando, com a ajuda de Deus.

Gravei meu primeiro CD e foi maravilhoso ouvir as pessoas cantando as minhas canções, sendo abençoadas e tocadas por Deus através das músicas.

Infelizmente, a preocupação com as coisas dessa vida me fez esquecer de que era Deus quem cuidaria de mim, e não o sucesso de um CD. Eu me preocupava se as vendas seriam suficientes ou não. Durante o culto, esses pensamentos me desconcentravam, e acabei transformando a bênção de Deus em inquietação. Continuei cantando nas igrejas, mas deixei o CD em casa por um tempo, até recuperar o equilíbrio da minha alma, juntamente com a certeza de que a minha provisão viria de Deus.

Libertei-me dessa loucura e voltei a divulgar o CD nas igrejas. Aí, sim, como dizia Quelen, "vendia como pão".

A falta de vigilância traz derrota

Infelizmente fui atingido por um soco do inferno e o meu relacionamento com Quelen acabou. Fui para São Paulo atrás de um vento enganoso e paguei de uma forma terrível por minha insanidade.

Cheguei lá na esperança de encontrar aconchego, mas experimentei humilhações e descaso. Morei um tempo em Campos de Goytacazes, sendo ajudado pelo meu bom amigo Djnaldo Conrado e sua esposa.

Depois de alguns meses, viajei para os Estados Unidos novamente, com a intenção de morar lá. Em um momento de oração na igreja do pastor Júlio, em Atlanta, veio a inspiração de escrever a música "Eu me lembro".

> Eu me lembro do conforto que era o colo da minha mãe;
> Eu me lembro da oração, pedindo para multiplicar
> O alimento tão suado e tão pouquinho.
> Eu me lembro de que minha mãe se escondia pra chorar;
> Eu me lembro da labuta que era a vida do meu pai.
> Eu me lembro...
> Madrugada, ouço passos. Ele levantou
> Tão sofrido, tão inferno, mas tem que lutar.
> Eu me lembro de quantas vezes eu chorava para ele me levar;
> Eu me lembro dos brinquedos que ganhei quando criança;
> Eu me lembro dos castigos e das surras por amor;
> Tanto esforço e sacrifício só para eu estudar.
> Eu me lembro...
> O meu pai dizia: filho, as tristezas que eu passei,
>   você não vai passar.
> Eu me lembro...
> O tempo, então, passou e o mal me enganou, e eu fui tristeza,

> Eu fui decepção, eu magoei o coração de quem tanto me amou;
> E no momento que eu estava mais sozinho,
> Em uma estrada só de lama e espinho,
> Eu me humilhei, me arrependi, e então voltei.

Senti tanta saudade dos meus pais que arrumei as malas e voltei para o Brasil. Voltei disposto a arrumar as coisas, a colocar tudo no lugar, mas infelizmente, quando algo se quebra, existem pedaços que não se encaixam mais.

No meu retorno, Quelen já havia dado um novo rumo à sua vida, uma vida sofrida e cheia de loucuras, cheia da dor que eu mesmo provoquei, dor que o meu arrependimento não conseguiu consertar.

Hoje somos bons amigos e sou muito grato a Deus pela ajuda que Quelen foi para a minha vida, no começo da minha caminhada com Deus. E Marta? Marta é a criança mais feliz que conheço.

Rafaela, Marta e Alice, as minhas filhas. Depois que os filhos nascem, entendemos melhor Deus. No meu caso, sinto como se para cada filha me tivesse sido dado um novo coração, pois apenas um não comportaria o amor que sinto pelas três.

Nem tudo são flores, mas o jardim é lindo

A vida segue, e surge mais um convite para visitar a América. Pousei no aeroporto de Atlanta às 5 horas da manhã, mas meu anfitrião só apareceu para me buscar por volta das 10 horas. Muitos foram os desencontros e situações tristes, mas por felicidade morava em Miami o pastor Davi Neiva, que me amparou mais uma vez, entre tantas outras ocasiões em que me estendeu a mão.

Comecei a perceber que, depois do vento forte, vem o amparo. Só precisamos ter paciência. Após a tempestade, sempre vem a bonança. Só precisamos ter paciência. E, depois de tudo isso, virá a vida eterna.

Gravei quatro CDs até chegar ao DVD e ao CD ao vivo "Eu te amo tanto", que obteve reconhecimento em todo o Brasil.

Eu já era acompanhado havia algum tempo pela mesma banda, formada por insistência do baixista Valter.

Minha experiência com bandas evangélicas não havia sido das melhores. Bem no início da minha atuação, eu contava com um baterista e um baixista a quem eu ensinava os primeiros passos. Eles vendiam os CDs enquanto eu falava com as pessoas. Dei conta de que havia alguma coisa errada, quando, um dia, percebi que as contas não fechavam.

Desisti de banda e caminhei com *playback* e meu violão durante muito tempo, até que conheci Valter, que, depois de muita insistência, me convenceu a montar outra banda.

Essa é a banda que está comigo até hoje. O baterista é Kaco. Ele trabalhava em uma padaria e não podia nos acompanhar em todos os eventos. Por esse motivo, sempre trabalhávamos com outros bateristas. Até que um dia as coisas não deram certo na padaria, e Kaco resolveu viver do pouquinho que Deus nos concedia nas viagens.

O guitarrista é Herbert. Ele é um bom músico e sempre foi muito solicitado. No entanto, sempre se colocava à disposição para viajar conosco. A partir do DVD "Eu te amo tanto", ele tem participado de todos os nossos eventos.

O percussionista é Roberto, a quem eu senti o desejo de chamar de Popó. É uma "figura" que começou a fazer parte do grupo um pouco antes do lançamento do primeiro DVD. O tecladista é Lenon, que se casou um dia desses e está sorrindo à toa!

Cantando comigo estão Rose, Serginho e Silvânia. Rose já era minha secretária há alguns anos, e também cantava ocasionalmente, mas depois do DVD começou a viajar com o grupo. Serginho e Silvânia estão comigo há poucos meses.

Algumas pessoas passaram por nós e não permaneceram por decisão própria. A vida pessoal ou profissional lhes impossibilitou continuarem caminhando comigo. Foi o caso do meu amigo João, tecladista, que cansou das viagens, e de Roney, que gravou todos os meus CDs e DVDs, e depois começou a viajar comigo, tocando teclado e me ajudando a dirigir. Naquela época, viajávamos no meu carro e, antes de Deus enviar o socorro, dirigi sozinho mais de 500 mil quilômetros, pregando e cantando pelo Brasil.

CAPÍTULO 7

O sucesso e a cruz

Com o sucesso, veio muita tristeza também. Sem experiência, eu viajava quase diariamente e tocava até três vezes por dia.

A minha garganta sangrava e tudo era feito de forma quase automática. Os contratantes ficavam satisfeitos com os clubes lotados de gente, mas o meu coração transbordava de tristeza e angústia.

Eu não havia me convertido para ter aquela vida.

Com três eventos agendados para o mesmo dia, nunca conseguíamos cumprir os horários.

Certo dia, no Rio de Janeiro, tínhamos três eventos marcados, e o último seria numa quadra de escola de samba. Chegamos tão atrasados que, quando eu saí do ônibus, as pessoas tentaram me espancar. Foi aterrorizador ver aquele povo tentando me agredir.

O amor que se sente por um artista é feito de papel molhado; a fragilidade é absoluta. Num instante os fãs o amam, no momento seguinte o odeiam, e eu estava decidido a interromper aquela maratona de eventos. Consegui entrar no local do *show* depois de muito esforço, e pedi perdão às pessoas. Eu poderia ter evitado tudo aquilo, e não evitei.

Em Recife a coisa foi ainda pior. Não conseguimos realizar o *show* por causa do atraso. Quando alcançamos a porta do clube, quase todos já haviam ido embora. Os que ficaram apedrejaram o nosso ônibus. O motorista entrou em uma favela sem saída e paramos em frente a uma igreja da Assembleia de Deus. O bairro era tão perigoso que as pessoas pararam de correr atrás do ônibus. Deus enviou alguns irmãos daquela favela para nos socorrer.

Descobri que correr atrás do sucesso daquele jeito só me fazia perder o que eu tinha de mais valoroso: a comunhão com Deus.

Eu retornava das viagens com a sensação de que a minha vida estava indo embora. Gritava nas madrugadas; chorava; o meu desespero era total. Necessitava de uma resposta.

Viajar para os eventos se tornou um pesadelo. As pessoas exigiam de mim coisas que só Deus pode fazer pelo ser humano.

O fã só enxerga o artista. Ele não percebe, e acredito que não quer perceber, o ser humano por trás do artista. Coloca sobre os ombros do cantor, do pregador, do pastor, a responsabilidade de resolver suas guerras, seus conflitos, sua vida. As pessoas maduras percebem que, apesar da instrumentalidade dos que cantam e pregam, todos precisamos de ajuda. Essas pessoas desejam caminhar juntas, ao lado umas das outras, e não nas costas.

Eu estava numa estrada confusa e, apesar de invocar o nome do Senhor, sentia um enorme abismo à minha frente.

Mas o que fazer? Para onde ir?

A pergunta correta, no entanto, seria:

A quem irei?

Então busquei aquele que tem palavras de vida eterna, e diante dele me derramei. Contei tudo a Deus, confessei que não me sentia feliz com o que ele estava fazendo comigo, e o Senhor me respondeu:

— Não sou eu quem o está machucando. É você mesmo. São os seus desejos, os seus projetos aparentemente divinos e a sua cobiça. O que está machucando você é o seu desejo de controlar o futuro.

— O que eu faço, então, meu Deus?

— *Confie em mim.*

Arrumando a casa

Desfiz a banda e me dediquei à oração e ao jejum. Logo a minha alma reencontrou o caminho.

As feridas ainda doem e percebo que estarei no campo de batalha das tentações por toda a minha vida, mas aquele que me chamou é fiel e com misericórdia me ensinará a caminhar.

Bem, a pequena igreja que eu frequentava fechou, e alguns dos irmãos passaram a congregar na sede com o pastor Rogério. O local era alugado e acho que as despesas estavam altas, não sei. Só sei que estou na sede até hoje. Lá eu canto, prego e aprendo um pouco mais a cada dia.

Mais chegado que um pastor

O pastor Rogério é um homem piedoso e cheio de misericórdia. Ele me abraçou desde o primeiro momento até hoje.

Foi ele quem me levou em minha primeira viagem à América. Nas minhas derrotas, ele sempre me tratou com misericórdia, e muitas vezes foi humilhado, tentando me dar espaço e oportunidade.

Alguns dias antes de embarcarmos para a América, ele me levou a um encontro no Rio de Janeiro. Levei uma mala imensa, cheia de CDs, e tentei colocar na livraria, mas não consegui num primeiro momento. O pastor Rogério começou a pedir a um e a outro uma oportunidade para que eu cantasse, mas era hora de eu aprender a submeter-me à vontade e ao tempo do agir do Espírito Santo.

O pastor Rogério é o tipo de pessoa destemida, insistente e determinada. Ele insistiu até conseguir uma oportunidade para que eu cantasse. O homem que me abriria espaço mandou que eu estivesse no palco exatamente às 12h30, e lá estava eu. Não havia ninguém no imenso salão, já que todos estavam almoçando, mas recebi a orientação para estar lá, e ali permaneci. Esperei até às 14h. Todos retornaram ao salão, inclusive aquele homem que me daria uma oportunidade. Eu me preparei para cantar, pois imaginei que seria o primeiro a me apresentar naquela tarde.

O homem se aproximou e, então, eu falei:

— Cheguei aqui às 12h30, como o senhor mandou.

Ele perguntou:

— Você cantou?

Respondi:

—Não havia ninguém aqui.

Ele retrucou:

— Você quer fazer *show*? Pois quem quer louvar a Deus canta com público ou sem público.

Respondi com firmeza:

— Quando quero cantar sozinho, eu me tranco em meu quarto e louvo ao nosso Deus. Mas hoje eu estou aqui porque tenho uma mensagem para passar. Venho de bandas populares e conheço muito bem a diferença entre simplesmente cantar e louvar a Deus. O seu julgamento é cruel e cheio de humilhação, mas Deus tem balança fiel e julga todas as coisas com amor e misericórdia.

Retirei-me dali com a sensação de estar sendo sufocado. Fui para a parte do fundo do galpão e explodi em lágrimas. Não pelo fato de eu não ter cantado, e sim porque ali morria a ilusão de fazer parte de um povo manso e amoroso, que sabe dizer "não" sem esmagar as pessoas.

Ali percebi que fazer parte da religião era apenas o começo de uma jornada rumo ao meu próprio interior, e que eu deveria buscar com todas as minhas forças oportunidades para Deus cantar no palco da minha vida, transformando a minha alma num espaço de eventos celestiais, onde tudo dança, tudo se alegra, onde tudo festeja.

Em meio àquela desilusão, acredite: é bem melhor viver desiludido.

Um homem se aproximou com uma vassoura na mão, fazendo movimentos leves como quem não queria levantar poeira.

E, de repente, ele disse:

— O Senhor é contigo, amado. Tudo ficará bem e toda lágrima será enxugada.

E com um carinho do tamanho do mundo, aquele homem me confortou.

Quando perguntei qual igreja ele frequentava, ele disse:

— Eu não sou crente.

E foi embora da mesma forma que chegou, bem suave, limpando tudo, sem levantar poeira.

As viagens pelo Brasil continuaram, e agora estou mais firme e confiante, pois percebo que o que Deus preparou é bem maior e é bem melhor. Eu creio nas promessas; eu creio em Cristo; ele está comigo.

É inacreditável o que algumas pessoas são capazes de fazer em nome de Deus por causa de dinheiro. Homens e mulheres enlouquecidos pela cobiça, inventando argumentos bíblicos que lhes permitam viver na impiedade, intitulando-se representantes de um deus que só ama os ricos e que anda por aí prometendo luxúria e poder, acusando de fracassado e derrotado quem não tem dinheiro e aparência.

Que bom que o homem do filme da sexta-feira santa veio e chamou todos eles de mentirosos, raça de víboras, sepulcros caiados, mais amantes dos deleites do que amigos de Deus, o Deus do céu, o verdadeiro Deus, aquele que ama a todos, até a esses, até a mim.

Lembrando de onde Deus me tirou e sendo uma bênção

Comecei a sentir o desejo de ajudar as pessoas, principalmente viciados. É impossível ajudar todo mundo; mas, como um pássaro tentando apagar um incêndio, vou levando minhas gotinhas de água.

Ao longo desses anos, milhares de cestas básicas foram doadas, muitas cruzadas evangelísticas foram realizadas e, por fim, conseguimos fundar um centro de recuperação, que chamamos de Centro de Recuperação Sentimento Novo. Tudo isso com o que ganho, cantando louvores e vendendo CDs.

Louvo a Deus, pois existem também muitos homens e mulheres empenhados na boa obra, que reconhecem a alegria de doar suas vidas por outras vidas, homens e mulheres que aprenderam com Deus os caminhos do coração, e por esses caminhos seguem lançando a semente da vida.

Passei por momentos muito tristes na caminhada, mas estou aqui firme.

Certa ocasião, foi difícil esperar por mais de duas horas pelo dinheiro do combustível. Marta ainda era um bebê; nós estávamos esperando na rua e a minha filha, que já tinha saúde frágil, contraiu pneumonia por causa da espera no frio da madrugada.

Apesar das imensas dificuldades e tribulações, sempre vem a exaltação. Muitos irmãos e pastores me ajudaram e me ampararam. Nelson Navarro, Tita, Charlington Soares, Eliana Sanches e pastor Paulo, Carlos Leiro, meu bom amigo Evilázio e tantos outros que, com o coração cheio de amor, se revelaram mãos extremamente amigas. Regina, da Assembleia de Deus do Engenho Velho da Federação em Salvador, foi quem me deu a primeira oferta: cinco reais que chegaram como cinco milhões, tamanha era a necessidade.

O Diabo sempre me perseguiu, mas Deus sempre me amparou. Muitas pessoas tentaram e continuam tentando destruir a mim e à minha família, mas eu os amarei, para vergonha eterna de Satanás.

Foi difícil ver o meu pai e a minha mãe internados no mesmo dia em hospitais diferentes. O meu pai fazia uma cirurgia de câncer de próstata, e a minha mãe, uma biópsia por causa de um problema sério na coluna, que acabou também exigindo uma intervenção cirúrgica. Depois, ficamos sabendo que a cirurgia havia sido equivocada, e a minha mãe sofre até hoje as consequências desse erro. Meu pai também foi vítima de erro médico e passou mais de um ano em grande sofrimento. A minha mãe tinha crises de dores tão terríveis que imaginávamos que ela morreria.

A oração era o meu refúgio nessa fase de provação, fase de dores. Com a ajuda de Deus, os meus pais estão melhorando. Comprei um apartamento no melhor condomínio de Salvador e ali instalei meus pais. Todo ano troco o carro do meu pai e realizo as vontades da minha mãe. Também ajudei as minhas irmãs, comprei a minha casa própria e vivo feliz com Vânia, minha esposa.

Hoje é 14 de dezembro de 2011, e Alice completa 3 meses e 5 dias. Marta está com 11 anos, 2 meses e 15 dias; e Rafaela tem agora 16 anos, 10 meses e 11 dias.

Vivo dedicado ao Centro de Recuperação Sentimento Novo e ao evangelismo. Viajo pelo Brasil, sendo amado e odiado por muitos, e amando a todos. Sei que as pessoas que não gostam de mim, nunca me abraçaram, não sabem a minha peleja. Apenas estão sofrendo influência maligna, e eu peço a Deus que as liberte disso, pois não sabem o que fazem, não sabem o que dizem. Pecam contra Deus, tentando defendê-lo, tentando protegê-lo.

Deus tem todo poder nos céus e na terra. Ele quer ter amigos, e não jagunços enfurecidos. Não precisa ser protegido ou defendido. Ele quer ser amado, ouvido e obedecido, pois seus mandamentos nos trazem o bem.

Liderar exige muita responsabilidade. As pessoas que nos cercam, às vezes, se aproximam com interesses muito estranhos. Estou à frente de uma banda cujos problemas são enfrentados com muita oração. Sou ajudado por Nau e sua esposa Ozi. Eles administram as coisas do grupo de uma forma que me dá tranquilidade para continuar meditando na Palavra. Nau gosta de estudar as Escrituras e compartilhamos muito durante as viagens.

Sou uma pessoa bastante desorganizada e por causa disso fui repreendido várias vezes pelo meu amigo Céu, de Ilhéus. Com Nau, venho aprendendo que as coisas precisam ser decentemente articuladas.

Na banda cada um tem seu jeito e suas manias. Com zelo luto, tentando ser bênção na vida de cada um deles. No entanto, como já apontamos antes, o evangelho nos desafia a entrar em nós mesmos e abrirmos a porta para Deus.

Essa caminhada rumo ao nosso verdadeiro eu é divinamente solitária; envolve apenas eu e Deus, apenas você e Deus. O máximo que o pregador pode fazer é nos conscientizar das maneiras divinas e dos caminhos de Deus, mas somos nós que solitariamente com Cristo tomamos a decisão que nos aproxima ou nos afasta da luz. Essa luz que nos faz enxergar que, apesar de a decisão interna ser solitária, aqui fora, na vida, há milhares e milhares de pessoas dispostas a viver juntas em amor.

Mas onde? Aos pés da cruz.

E aos pés da cruz percebo duas coisas: o amor de Deus pelo ser humano e o ódio do ser humano por Deus.

O homem carnal não gosta do modo de agir de Deus, do jeito como ele resolve as coisas. O conselho de Deus é para permanecermos na luz, ansiando por mudanças no nosso modo de pensar e de resolver as coisas. Ao contrário disso, porém, o homem vive tentando convencer a Deus que o nosso modo é que está correto. Às vezes fazemos até orações pedindo para Deus fazer coisas contrárias à natureza divina.

Deus só sabe amar, e é com esse amor que ele edifica, consola, exorta, repreende e, às vezes, até elimina da terra.

O homem detesta dar a outra face, mas esse é o modo de Deus. O homem detesta ser roubado, quanto mais dar liberalmente ao ladrão, mas esse é o modo de Deus. O homem odeia ser obrigado a caminhar uma milha, e depois a continuar por mais uma segunda milha, mas esse é o modo do nosso Senhor.

Deus crucificou o seu Cordeiro por amor ao homem, e o homem torturou o Cordeiro de Deus porque não gosta do modo de Deus.

CAPÍTULO 8

A arte de ser famoso e ter amigos

Ser famoso e ter amigos é bastante complicado, pois o ambiente da fama é repleto de possibilidades financeiras e normalmente procurado por pessoas que estão visando conseguir dinheiro. Isso não é uma crítica a quem deseja ter recursos financeiros; apenas quero deixar claro que não se encontram certas coisas em determinados ambientes.

Quem quer fazer amigos procura por pessoas, e não por ambientes.

Já cheguei a trocar de cidade, correndo atrás de pessoas que acreditei serem meus melhores amigos, mas percebi que da mesma forma que eu estava me doando, Deus enviaria bons amigos. O homem carnal vive tentando saciar sua cobiça, enquanto o espiritual sente prazer em dar. Dar atenção, carinho, amparo e até coisas.

Quando um homem é ingrato, mesmo que você morra por ele, ele continuará sendo ingrato, pois o que gera gratidão no homem é Deus, e não as coisas que você dá a ele. Então, me contento em ser amigo, e desfruto da amizade de poucos que conheço que atingiram essa maturidade.

Uma nova família e a verdadeira amizade

E nessa atmosfera de amor e amizade, fui apresentado à família de Rose, irmã da minha esposa Vânia. Passei anos visitando a casa de Rose e sendo ajudado por ela e por sua família.

Eles sempre me trataram como um parente. Preocupavam-se com a minha alimentação, as minhas roupas, até mesmo com a limpeza do lugar onde eu morava. De repente comecei a gostar de Vânia e tivemos um namoro maravilhoso.

Quando o namoro é excelente, o casamento é bom.

Quando o namoro é bom, o casamento é mais ou menos.

Quando o namoro é mais ou menos, o casamento é ruim.

E quando o namoro é ruim... Só Jesus "na causa"!

Vânia disse que eu era um pássaro livre e que eu podia voar à vontade, contanto que voltasse. A minha esposa me contou que seu avô jogava alimentos para os pássaros na porta de casa. Eles comiam e voavam, mas sempre retornavam. E, nessa história de pássaro livre, acabei casando com Vânia. E hoje ela diz que só sou livre para voar com ela.

Eu amo voar com a minha esposa pelos céus da vida.

Também me disseram que Vânia era um passarinho para comer e uma leoa para trabalhar, mas acho que inverteram a ordem dos animais!

Viver com Vânia me traz ânimo na caminhada. Eu gosto de voltar para casa, de retornar para a minha família. Enfrento muitas guerras na vida, mas tenho um lugar de paz por dentro e por fora. Tenho a minha casa, a minha mulher, a minha amiga, que sempre foi o que é, desde que a conheço. Ela segura o volante do carro com a mesma alegria que segura na vassoura; entra nos lugares refinados para os quais somos convidados do mesmo modo que sempre entrou na casinha simples onde morava. Infelizmente, em todos os lugares existem pessoas que sofrem com a alegria de outros, mas nós seguimos o nosso caminho, desejando felicidade para todos.

O meu conselho para uma família equilibrada é: evite casais brigões dentro da sua casa; ajude essas pessoas na igreja, fora do seu canto, e procure ser feliz com humildade e paciência.

CAPÍTULO 9

Conhecendo e prosseguindo em conhecer a Jesus

Meu amado irmão, o que aconteceu dentro de você quando Jesus entrou na sua vida?

Infelizmente, existe uma tendência diabólica de tentar trazer para o Evangelho de Jesus características e doutrinas de religiões pagãs, nas quais as maiores motivações são a superioridade e a sorte. E, assim, pessoas se reúnem com a perspectiva de se tornarem grandes e poderosas, com o desejo de verem seus agressores massacrados e, em alguns casos, até perseguem pessoas em nome de um deus que com certeza não é o Pai do nosso Senhor Jesus Cristo.

Um dia Jesus disse: "Eu sou o caminho". [1]

O caminho para onde? Para o céu?

Não. O que importa não é para onde ir, mas sim para quem ir.

Jesus é o caminho para Deus, e Deus é amor. Jesus é o caminho para o amor, e qualquer um que procura por Deus deveria estar procurando o caminho para amar, e não um caminho religioso para alcançar privilégios, vinganças e poder terreno.

Você já ouviu falar que alguém foi até uma encruzilhada e preparou uma bruxaria para conseguir vida eterna em Cristo? Ou para perdoar alguém?

---

[1] João 14.6. [N. do R.]

A motivação pagã é sempre comida e bebida. Nunca é paz, gozo e alegria no Espírito. A motivação pagã é alcançar superioridade, acumulando tesouros na terra e punindo os inimigos.

A motivação divina é ser servo e, caso se obtenha muito dinheiro, compartilhar e, principalmente, buscar de Deus o privilégio de ser perdoador.

Jesus disse: " Ninguém vem ao Pai, a não ser por mim" e "Deus é amor".[2] Portanto, só é possível alcançar o amor por ele, nele e através dele.

O verdadeiro amor está em Jesus, só em Jesus. A verdadeira motivação que leva à conversão é o desejo de amar, o desejo que por graça divina é colocado em nós por Deus. Esse desejo é colocado em *todos* nós, em todos os seres humanos, mas abraçado por poucos em nossos dias. Assim acontece nos dias de hoje, em que a cobiça reina nos corações e, por causa dela, pessoas se enfrentam e se destroem o tempo todo.

A minha conversão é um grande exemplo de misericórdia e graça. De forma inexplicável, um desejo de amar explodiu em mim, não importando as dores que as pessoas me causaram. Eu simplesmente encontrei dentro de mim a força para amá-las e tomei a decisão de realmente amá-las. Decidi segurar nas mãos de Jesus e seguir em direção ao amor.

Todos os dias, circunstâncias e acontecimentos da vida tentam me desmotivar na caminhada rumo ao amor.

As injustiças tentam gerar em nós ódio, e o Diabo é o ódio. E com muita sutileza ele vai crescendo dentro do ser humano, cujo principal engano é tentar vencer o ódio com ódio, punir a injustiça com injustiça, pagar o mal com mal.

---

[2] João 14.6 e 1João 4.17, respectivamente. [N. do R.]

Paulo disse: "Pois ele nos resgatou do domínio das trevas e nos transportou para o Reino do seu Filho amado, em quem temos a redenção, a saber, o perdão dos pecados".[3]

Na minha vida, esse transporte não foi simplesmente de uma banda para outra, ou de uma religião para outra, mas de uma consciência para outra. Envolveu uma renovação de mente, na qual bondade e misericórdia devem ser exercitadas todos os dias.

Também é fácil encontrar pessoas que dizem:

— Irmão Lázaro, Deus te abençoou, Deus te deu coisas.

Mas eu sempre argumento:

— Meu irmão, Deus fez de mim um bom filho, um bom pai, um bom amigo, arrancou de mim o orgulho e, na caminhada da vida, tem me ensinado o verdadeiro sentido do evangelho. Quando trabalhamos fazendo aquilo de que gostamos, a ponto de fazer isso até de graça, o sustento chega por estradas divinas. Sei que existem muitas outras maneiras de encher o bolso de dinheiro em nome de Deus, mas eu não tenho interesse nessas coisas.

Um dia os apóstolos perguntaram a Jesus: "Quem é o maior no Reino dos céus?".[4]

No entanto, antes de dizer quem seria o maior, Jesus disse quem entraria no Reino dos Céus, pois, antes de ser alguma coisa no céu, primeiro seria necessário entrar lá.

E Jesus explicou: "Eu lhes asseguro que, a não ser que vocês se convertam e se tornem como crianças, jamais entrarão

---

3 Colossenses 1.13,14. [N. do R.]

4 Mateus 18.1. [N. do R.]

no Reino dos céus. Portanto, quem se faz humilde como esta criança, este é o maior no Reino dos céus".[5]

Essa afirmação de Jesus esmaga o trono da maioria dos gigantes que se dizem representes da divindade na terra.

Se fizermos essa pergunta à multidão, com certeza a resposta envolverá o nome de alguns políticos, atores, cantores de todos os gêneros e, por incrível que pareça, seriam citados até pregadores do evangelho, o mesmo evangelho que afirma que, quem quiser ser o maior, deve ser o menor. Grande é esse absurdo, mas é assim que tem sido.

Um dia desses me apresentaram um homem com aparência de magnata celestial. Assim disse o irmão que o apresentou:

— Irmão Lázaro, este é o "grande servo de Deus", fulano de tal.

Retruquei:

— Bom, meu amado, ou ele é servo ou ele é grande, não é possível para ser os dois ao mesmo tempo.

Tanto o irmão quanto o "grande servo" foram tomados pela raiva e fizeram uma "cara" de quem estava planejando a morte de alguém, com certeza a minha.

Um dia fui convidado para visitar uma igreja e o pregador da noite era o "grande servo". Infelizmente, o único assunto abordado foi dinheiro. Eu sei que muitos dos problemas do dia a dia só podem ser resolvidos com dinheiro, mas tenho medo de um relacionamento com o Criador baseado apenas nisso. Principalmente por saber que ter muito dinheiro ou não ter nenhum não é a questão; tudo depende do tempo e do acaso (v. Eclesiastes 9.11). Além de interpretar o evangelho com os

---

5 Mateus 18.3,4. [N. do R.]

olhos de Mamom, só falando de dinheiro, ele acrescentou mais um gomo na corrente que aprisiona as pessoas à cobiça.

Eu acredito em profecias

Um dia desses, em São Paulo, uma mulher me entregou uma profecia:

— Ouça, homem, estou vendo uma mão, e esta mão está segurando uma foice; a foice está no seu pescoço, e Deus disse que vai matar você.

Fiquei perturbado e aterrorizado, mas dei uma resposta à altura daquela insanidade perversa:

— Minha irmã, a interpretação da visão é a seguinte: *A mão é a sua boca, e a foice, a sua língua!*

Eu acredito em profecias e revelações, mas acredito principalmente que Deus me ama e cuida de mim. Ele tem me ensinado a fugir da maldade, dos projetos que destroem pessoas, das mentiras que Satanás conta, muitas vezes até com a Bíblia aberta, como fez com Jesus no deserto e como tem feito até hoje.

Lendo a Bíblia, vejo Jesus anunciando insistentemente apenas duas coisas: ame a Deus, e ame as pessoas.

Perguntei a mim mesmo: *Por que Jesus repetiu tantas vezes as mesmas palavras?*

As histórias e as parábolas mudavam, mas o alvo era sempre o mesmo: amar a Deus e às pessoas. Os lugares eram diferentes, os argumentos se modificavam, mas a proposta era sempre a mesma: amar a Deus e às pessoas. Jesus falou sobre dinheiro, sobre pobreza, sobre salvação, sobre condenação, sobre pecado, sobre santidade, mas o projeto era sempre o mesmo: amar a Deus e às pessoas.

Por que Jesus falou e ainda fala centenas de vezes por dia as mesmas coisas?

Porque, muitas vezes, basta Satanás falar apenas uma vez, e as multidões acreditam. Como loucos, atiram-se para a boca do lobo, que com astúcia ensinam o engano, a cobiça, a idolatria e a maldade.

Eu louvo a Deus porque, apesar de todas essas coisas, apesar da fraqueza humana, apesar da minha própria fraqueza, a graça divina é insistente, e continuará incansavelmente por meio da verdade resgatando os corações que respondem positivamente a esse Deus de louca sabedoria, que diz que a cura para as nossas feridas é amarmos quem nos feriu.

Um dia desses fui apunhalado pelas costas por uma pessoa muito próxima (só os próximos conseguem abrir esse tipo de ferida) e infelizmente fiquei muito magoado. Mas a mágoa me atirou para os braços de Deus e com ele travei um diálogo verdadeiro, sem religiosidade, uma conversa franca entre a santidade e uma carne ferida.

E comecei a mostrar para o Senhor o tamanho da maldade que me havia sido feita, a maneira traiçoeira com que fui tratado e como aquilo havia me afetado. Ainda no enredo das minhas reclamações, abri o meu coração e mostrei para Deus como eu estava zangado.

Com a mesma confiança e intimidade que abri o meu coração para o Senhor, ele também abriu o coração para mim. E, como um soco divino na minha consciência, Deus me falou sobre o amor que ele sentia pelo meu agressor.

Até aí tudo bem, ele é Deus, ele ama todo mundo, mas o grande susto foi quando ele me convidou, no meio de toda a minha raiva, para amarmos juntos a pessoa que me havia ferido.

A minha primeira sensação foi de solidão, de abandono celestial. Logo percebi que Deus não se juntaria a mim em todo aquele ódio, mas estava disposto a tudo para que eu me juntasse a ele no amor, na paz e na verdade.

Deus nunca será como nós, mas está disposto a nos ensinar a ser como ele é. Ele nunca ficará zangado com alguém porque você está zangado. Ao contrário, ele amará até as últimas consequências a você, a mim, aos que nos ferem e àqueles a quem ferimos. Deus ama e amará o ser humano para todo o sempre. Amém.

CAPÍTULO 10

O centro de recuperação Sentimento Novo

Em nome do amor de Deus, iniciei o Centro de Recuperação Sentimento Novo. A vontade de ver pessoas curadas e libertas pelo poder de Deus é muito grande, e sigo, em nome de Deus, ajudando aos que querem ser ajudados, amparando na medida do possível vítimas do vício e da miséria, e alegrando-me em ver Deus fazer o impossível, através da possibilidade que ele mesmo nos deu.

Comprei um sítio na estrada de Oliveira dos Campinhos, próximo à cidade de Conceição do Jacuípe, na Bahia, onde mora meu amigo Marcos, membro da Primeira Igreja Batista.

O centro começou com dois obreiros e nenhum interno ou aluno, como chamamos os que nos procuram em busca de ajuda. Depois de alguns dias, recebemos a primeira pessoa. A sensação foi forte. Agora sim, o centro estava realmente funcionando.

Alguns dias se passaram, e nos chegou a notícia de que um jovem precisava de ajuda. Eu mesmo fui buscá-lo. O rapaz ainda estava drogado, com uma aparência terrível, praticamente desfigurado pela força do vício. Fomos para minha casa e depois o levei para o centro.

Ficamos com dois alunos por um tempo, até que o primeiro foi embora. Foi um golpe terrível e eu não entendia por que ele queria partir. A alimentação era muito boa, ele era muito bem tratado, mas quando o mundo nos chama com voz de sereia...

Restou um aluno. Esse também começou a fraquejar e me disse que estava se sentido muito sozinho em um centro de recuperação que contava com apenas um aluno. Disse que estava com saudade dos amigos e da família, e pediu para ir embora.

Eu o entendia e sabia exatamente o que ele estava sentindo, pois já havia experimentando aquela sensação muitas e muitas vezes. Então, eu disse três coisas para ele:

Primeiro:

— Meu irmão, você diz que está sentindo saudades da sua família, de uma família que você vem fazendo sofrer há anos, de uma mãe que vive no desespero, de irmãos que vivem envergonhados por causa das suas escolhas. Se você realmente ama essas pessoas, fique e lute contra esse grito do inferno.

Segundo:

— Você diz que está com saudade dos seus amigos. Que amigos? Você não pode chamar de amigos pessoas que o conduzem por caminhos de morte, pessoas capazes de lançar contra você o aço frio de uma bala de revólver, só por causa de um punhado de droga. Não, meu irmão! Seu amigo hoje sou eu, e com ajuda de Deus lutarei pela sua vitória.

Terceiro:

— Você alega que está se sentindo só, mas assim diz o Senhor: "Nunca o deixarei, nunca o abandonarei".[1] E Deus não mente, meu irmão. Se ele falou, está falado, e em nome de Jesus eu repreendo esse espírito do inferno que está querendo carregar você para as trevas.

---

1 Hebreus 13.5, cf. Deuteronômio 31.6. [N. do R.]

Esse querido aluno passou por muitas outras crises, mas com ajuda de Deus conseguiu vencer todas. Hoje ele vive com a família, e peço a Deus que ele valorize todo o amor e ensino que recebeu.

São muitas histórias alegres e tristes, mas em todas elas o nome do Senhor tem sido glorificado.

O nosso projeto é ensinar dignidade, possibilitar a busca por Deus sem impor uma religião, e exaltar a verdade como espada a ser empregada na hora dos conflitos.

Nós temos feito o possível por essas pessoas, e Deus tem feito o impossível diante dos nossos olhos. Isso é maravilhoso.

No começo foi muito difícil; tentei tantas coisas em nome do amor. Fiz uma festa na minha casa e os alunos foram meus convidados especiais; fomos para um *show* evangélico; saímos para passear e tomar sorvete no *shopping*. Nada funcionava, porém, e a cada dia os problemas eram maiores.

Apesar de reconhecer a necessidade de atividades recreativas na reabilitação, foi a busca por Deus que realmente colocou o centro nos trilhos. Oração e estudo da Palavra de Deus passaram a ser a nossa principal terapia, e as mudanças começaram a transformar a vida dos nossos alunos.

Normalmente eles chegam querendo ensinar os coordenadores, o psicólogo, a assistente social, os pastores e as pastoras que nos ajudam, mas com muita paciência iniciamos a primeira fase do projeto conscientizando-os quanto à necessidade de confiar nos métodos aplicados pelos nossos cooperadores.

E, como na igreja ou no ambiente de trabalho, sempre existem alguns que preferem atrapalhar o crescimento de outros. Entretanto, com o coração carregado de amor, seguimos em frente, e, com ajuda de Deus, muitos têm alcançado recuperação.

O meu amigo, pastor Gene, a minha sogra, a missionária Marinalva, e os obreiros cuidam com muita competência da parte espiritual. O pastor Jair, nosso psicólogo, e Graziela, nossa assistente social, têm nos ajudado muito a cuidar dos nossos alunos. Temos também aulas de música que são ministradas por Nau Santana, o violonista, Kaco, o baterista, Valter, o baixista, e Lenon, o tecladista.

Sou fundador do centro, mas é Rosana que coordena as atividades junto aos nossos cooperadores e funcionários.

Também nos ajuda Dorielson, que é meu cunhado, e Vange, cantor do grupo "Vamos louvar".

A jornada é árdua, mas Deus está conosco. E, assim como fui ajudado por muitos a vencer a "coisa", tento ser uma bênção na vida dos nossos alunos.

Estamos construindo um prédio para abrigar 80 pessoas. Vendi um carro, uma casa e um terreno para terminar o projeto. Sinto-me feliz em poder investir o dinheiro que ganho nesses sonhos. Não tenho medo do futuro, nem sinto necessidade de ter garantias para o amanhã.

Deus tem me abençoado. E, apesar de investir muito no trabalho social, ainda consigo amparar os meus pais, as minhas irmãs e alguns amigos que vivem em situação de carência. Meu objetivo não é ser aplaudido por aqueles a quem ajudo, mas sim servir a Deus com o coração aberto. Sei que a ingratidão é uma lâmina aguda, mas Deus é a minha recompensa, e peço que ele me ajude a continuar amando cada um que foi ajudado, mesmo que hoje essa pessoa me retribua com atitudes rudes.

Viciados em bajulações

Eu gostaria de me despedir dando um conselho a você, caríssimo leitor.

Se você deseja ajudar as pessoas, não espere gratidão. Faça como se estivesse fazendo para o próprio Deus, pois as pessoas que vivem na carne são perversas e incapazes de perceber o bem que foi feito por elas. Nunca espere reconhecimento, pois essa espera pode matá-lo de tristeza.

É maravilhoso quando conseguimos viver sem elogios, sem bajulações, coisas que enfraquecem a nossa alma. O aplauso prejudica o servo de Deus, pois, tanto quanto as drogas, o aplauso vicia, tornando-nos dependentes e carentes dessas massagens no ego.

Observe como você, às vezes, sai à caça de elogios, como sempre tenta levar a conversa para um ângulo em que todos digam: "Você está certo". A maioria de nós vive buscando reconhecimento, como se estive sedento no deserto procurando por água.

Às vezes, o vício da bajulação é tão intenso, que não conseguimos perceber o amor de pessoas por nós por meio de sorrisos e gestos. Acabamos enredados por mentirosos, pois os bajuladores geralmente são falsos.

Qual a diferença, porém, entre o elogio sincero e a bajulação?

Bem, o elogio sincero me faz ver que apesar, de eu ter feito algo bom, ainda posso melhorar, mas a bajulação me faz achar que eu sou o melhor.

Palavras finais

Se você sentir o desejo de nos ajudar nesta obra, entre em contato conosco através do *site* <www.irmaolazaro.com.br>.

Meus amados, essa é uma parte da minha história e agora vocês me conhecem um pouco melhor por fora por dentro e no Centro de Recuperação Sentimento Novo, ensinando gente a gostar de gente.

Irmão Lázaro

Esta obra foi composta em *Revival 565 BT*
e impressa por Imprensa da Fé sobre papel
Offset 70 g/m² para Editora Vida.